천자 **B**의 홀잔

전차B

데라다 도라히코 지음
안은미 옮김

흰 소

일러두기
1. 인명 등 고유명사는 국립국어원 외래어표기법을 따르되 국내에 이미 널리 통용되는 표현은 관습 표기에 따랐습니다.
2. 단행본·정기간행물 제목은 겹낫표(『』), 단편 제목은 홑낫표(「」), 영화 제목은 홑화살괄호(〈〉)로 묶었습니다.
3. 이 책의 주는 모두 옮긴이 주입니다.

차례

전차 B의 혼잡 7

유언비어 22

관점과 거리 27

벌이 경단을 만드는 이야기 31

고양이 38

쇄골 60

어느 탐정 사건 66

물리학과 감각 71

과학자와 예술가 86

앎과 의심 97

도깨비불 하나 102

도롱이벌레와 거미 108

쓰나미와 인간 117

커피 철학 서설 126

행상인 소리 136
기록광 시대 147
지팡이 156
별사탕 162
쥣빛 재생지 167
모기장 연구 174
병원의 새벽 소리 178
빨강 184

저자 연보 186
역자 후기 192

전차 B의 혼잡

만원 전차 손잡이에 매달린 채 떠밀리고 부대끼며 짓밟히는 일은 조금이라도 성치 못한 육체와 그로 인해 신경이 쇠약해진 사람에게는 몹시 견디기 어려운 고통이다. 단순히 그 순간뿐만 아니라 전차에서 내린 뒤에도 수 시간 동안 영향을 받는다. 그래서 요 몇 년 사이 고질병으로 호되게 고생한 나는 되도록 만원 전차를 그냥 보내고 한산한 전차를 골라 탄다.

    기어코 널널한 전차를 타고 마는 방법은 지극히 평범하고 간단하다. 그저 승객이 적은 전차가 올 때까지 느긋하게 기다리면 된다.

    전차는 대개 노선과 방향에 따라 가장 붐비는 시간대가 정해져 있다. 그런 혼잡시간에는 아무리 기다려도 좀처럼 빈 차량이 오지 않을 듯하지만, 여유롭게 가만히 기다리다 보면 더러 한 대 정도는 편하게 탈 만한 전차가 들어온다. 뭔가 희한하다 싶겠지만 사실 신기한 것도 뭣도 아닌 당연한 결과다. 나도 얼마 전에야 그 이유를 알아챘다. 그 전까진 단순히 경험적 사실로만 인식한 채 전차를 이용했을 뿐이다.

물론 너무 혼잡한 시간에는 전차가 오는 족족 만원이란 의미를 초월할 정도로 사람들이 가득하다. 그래도 정류장에서 보통 10분에서 15분쯤 관찰해보면 연달아 들어오는 차량의 만원 정도가 일정한 리듬을 띤다는 사실을 자연스레 알게 된다. 여섯 대나 일곱 대를 주기로 반드시 만원 상태가 조금씩 다르게 순환한다.

이러한 리듬은 그다지 심하게 붐비지 않는, 말하자면 중등 정도로 혼잡한 시간에 더욱 뚜렷이 드러난다. 시험 삼아 그 시간대에 시내 한 정류장에 서서 지켜보면 언제나 일정하게 다음과 같은 주기적 현상이 확인된다.

우선 정류장에 열 명 내지 스무 명 되는 사람이 모여 있다. 그들 대다수는 전차가 들어오는 방향을 바지런히 살피며 초조한 표정을 짓는다. 그사이 무리를 이루는 인원은 점점 늘어만 간다. 5분이나 7분이 지나자 드디어 전차 한 대가 도착한다. 그러면 내리는 이를 기다리는 시간조차 아깝다는 듯 많은 사람이 앞다투어 차량에 꾸역꾸역 올라탄다. 마치 이 전차를 끝으로 영원히 전차가 오지 않을 것처럼 말이다.

하지만 짧게는 수십 초, 길게는 2분 이내 간격을 두고 어김없이 두 번째, 세 번째 전차가 뒤따라 들어온다. 첫 번째 차량이 출입문 발판까지 사람이 늘어설 정도로 만원이었다면, 발차하기 무섭게 곧이어 도착한 두 번째 차량은 손잡이에 매달린 사람이 고작 한두 명이거나 잘하면 빈 좌석이 생긴다. 세 번째 차량에 이르면 내릴 사람이 다 내린 뒤 거의 텅텅 비는 일도 드물지 않다.

이렇게 한산한 전차가 몇 대 이어지다가 5분이나 10분간 잠시 전차가 끊긴다. 그동안 정류장에는 사람들이 일정한 증가율로 늘어나 줄을 서고, 스무 명에서 서른 명쯤 모였을 즈음 새로운 전차가 들어온다. 그 전차는 이미 거의 만원 상태라, 그곳에서 여러 사람이 내린들 스무 명에서 서른 명을 다시 태우니 여전히 붐빈다.

이번 전차를 타지 못하고 남겨진 몇몇 불쌍한 사람은 하는 수 없이 30초 남짓 기다렸다가 다음 전차에 올라탄다. 그런데 그들은 좌석에 마음 편히 앉아서 간다. 가령 무더운 날이라면 열린 창문으로 불어오는 시원한 바람을 흐뭇해하며 다리를 쭉 펴고서 마침내 목적지에 다다른다. 그리고 변함없이 만원인 바로 앞 전차에서 수렁을 허우적대듯 인파 사이로 비집고 나와 겨우 내린 사람들과 거의 동시에 길가 땅을 밟는다.

　　나는 언제나 전차 혼잡의 주기적 파동에서 '봉우리'를 피해 '골짜기'를 찾으려 애쓴다. 그러고는 빈 좌석에 느긋하게 걸터앉아 차분한 마음으로 잡지나 책을 읽는다. 파동의 꼭대기에서 밑바닥까지를 기다리며 소요하는 시간은 짧으면 수십 초, 길어도 1~2분을 넘지 않는다. 그동안 근처 가게 진열대에서 상품을 구경하거나 모여든 사람 얼굴이며 푸른 하늘에 떠 있는 구름 형태를 관찰한다. 그렇게 얼마간 시간을 허비하더라도 전차에 올라타서 수십 분간 휴식을 취하며 평소에는 좀처럼 읽을 기회가 없는 분야 책을 열 쪽이나마 읽는다면 어떻게 계산해도 이쪽이 훨씬 이익이다. 게다가 내리고 난 뒤에 몸과 마음의 피로가 덜하다.

　　나는 목적지에 1~2분 일찍 도착하는 게 더 중요했던 적이 거의 없다. 나 같은 사람이 아니더라도 과연 전차에서 내리고 나서 그 정도 시간을 허비하지 않는다고 장담하는 사람이 몇이나 될지 의문이다.

　　내 생각은 너무나 당연한 일이자 누구나 다 아는 일이다. 그런데도 도쿄 시내 전차를 이용하는 대다수 승객은 긴 휴지기 다음에 들어오는 첫 만원 전차를 앞다투어 타야 직성이 풀리는 모양이다. 나로선 도통 이해되지 않는 심리다. 다만 곰곰이 생각해보니 어쩌면 일본인의 국민성 가운데 어떤 장점과 관련 있을지도 모르겠다. 예를 들어 일본인이 경쟁에 강하다는 사실과 어딘가 연관성을 가진다던가. 혹은 이른바 현대사상이라 불리는 막연한 무언가가 불러온 구체적 현상일지도 모른다. 그래서 경솔하게 비판하지 않으련다.

지금 내가 따져보고 싶은 문제는 승객 대다수의 행위가 옳은지 그른지가 아니다. 일반 사람들이 보이는 경향으로 인해 필연적으로 일어나는 결과 즉 전차 혼잡의 리듬에 관한 과학적 또는 수리적 문제다.

문제를 단순화하기 위해 다음과 같은 조건을 가정해보자. 첫째, 어느 종점에서 일정 시간마다 발차하는 전차는 모두 균일한 속도로 달린다. 둘째, 중간중간 정류장에서 각 전차는 동일한 시간 동안 정차한다. 만약 두 조건이 완벽히 실행된다면 선로 위 어떤 한 지점을 전차가 잇달아 통과하는 시간 간격은 모두 똑같아진다.

하지만 실제로는 어쩔 수 없는 여러 복잡하고 우연한 요인 때문에 그 간격이 조금씩 달라진다. 원래라면 T가 되어야 할 간격이 $T+\Delta T$가 된다. 이때 ΔT는 크고 작은 양수와 음수로, 이른바 가우스의 오차법칙*이나 그와 유사한 법칙에 따라 분포한다. 쉽게 말해 너무 빠른 전차와 너무 늦은 전차가 뒤섞여 번갈아 들어온다. 물론 평균 간격을 따지면 여전히 T가 되므로 ΔT의 총합은 '0'이다.

한 정류장에 전차가 도착하는 시간 차이는 각 차량 속도와 정차 시간의 평균 오차를 알면 쉽게 계산할 수 있다. 요컨대 출발점에서 거리가 멀어질수록 점점 커진다. 대략 출발점과 떨어진 거리의 제곱근에 비례한다고 생각하면 큰 무리는 없을 터.

크고 작은 시간 오차 ΔT가 어떤 순서로 잇달아 일어나느냐 역시 '우연의 법칙'에 지배된다. 이 법칙은 그리 간단하지 않은데, 대체로 평균 세 번째나 네 번째마다 너무 빠른 전차 혹은 너무 늦은 전차가 들어온다.

이상은 승객이라는 인자를 완전히 무시한 논의다. 다음은 승객이라는 인자를 고려하면 어떻게 되는지 살펴보자.

승객이 단위시간 내 하나의 정류장에 모여드는 비율은 보통 시각과 장소에 따라 각각 일정한 평균값(예를 들어 n)을 갖는다. 실제로 이 평균값에 가깝게 우연한 변이가 나타난다고 봐도 무방하다. 그렇다면 전차 한 대가 태워야 할 인원은 평균적으로 바로 앞서 그 정류장을 출

---

* 우연히 생긴 오차는 평균값을 0으로 했을 때 종 모양으로 좌우 대칭하는 정규분포 곡선을 이룬다는 법칙.

발한 전차 A의 경과 시간에 비례한다. 만약 전차 A가 평균보다 a만큼 일찍 발차한 뒤에 도착한 전차 B가 b만큼 늦게 발차한다면 전차 B는 평균보다 n(a+b)만큼 더 많은 승객을 태워야 한다.

상세한 계산은 생략하더라도 정해진 시간보다 조금 늦게 정류장에 들어온 전차가 조금 일찍 들어온 전차보다 통계적으로 더 많은 승객을 태운다는 점은 분명하다. 하차하는 사람도 고려해야 하지만 지금은 그 요소를 빼고 생각한다.

이렇게 해서 발생한 승객 수의 많고 적음이 전차 정차 시간에 어떤 영향을 미치는지 알아보자. 당연히 승객이 많으면 많을수록 정류장에 머무는 시간이 길어진다. 설령 모두가 신사처럼 점잖게 타고 내린들 승하차에 걸리는 시간은 인원수만큼 늘어날 수밖에 없다. 하물며 내리는 사람을 기다리지 않고 억지로 차량에 올라타거나 차장과 실랑이를 벌인다면 정차 시간은 더욱 길어진다. 그렇다면 정차 시간이 늘어난 결과는 어떠할까.

말할 것도 없이 전차 B는 다음 정류장에 늦게 도착하고, 그 지연으로 인해 태워야 할 인원은 nb만큼 늘어난다. 결국 그다음 정류장에 도착하는 시간이 늦어지고 또다시 승객이 늘어나는 현상을 되풀이하며 전차 B의 혼잡은 점점 심해질 뿐이다. 가장 단순한 경우라도 정차 횟수에 비례해 거듭제곱으로 수용 인원이 증가한다. 실제로는 차량에 수용량 제한이 있기에 무한정으로 증가하지는 않겠지만, 어쨌든 '혼잡한 차량은 더욱더 혼잡해지는 경향을 띤다'는 결론에 오류는 없다.

그럼 저주받은 전차 B 다음에 오는 전차 C는 어떨까. 전차 C가 첫 번째 정류장에 도착하는 시간이 규정대로라면 앞 전차 B가 b시간 늦은 덕분에 평균보다 nb만큼 적은 승객을 태우게 된다. 혹여 전차 C가 규정보다 c시간 늦었다고 해도 역시 전차 B가 늦어서 생긴 nb만큼 초과 승객 수가 줄어든다. 또 전차 C가 규정보다 c시간 일찍 도착했다면 n(b+c)만큼 적은 승객을 태운 채 출발하게 된다. 그 결과 어떻게 될까. 전차 B와 C의 간격은 차츰 좁혀지는 한편 두 차량의 혼잡 상태는 한층 뚜렷한 차이를 드러낸다.

처음에는 기다란 선로 위에 같은 간격으로 배열됐던 전차는 운행을 거듭할수록 간격이 점차 달라진다. 그렇게 늘어지거나 빨라지는 전차가 통계상 세 대나 네 대마다 한 번씩 평균 주기로 나타난다고 치면 얼마간 시간이 지난 뒤에 실현되는 운행 상황은 내가 앞머리에서 기술한 것과 비슷하다. 즉 서너 대를 주기로 유독 심한 만원 전차가 반복되는 가운데 그다음 들어오는 두세 대는 조금씩 빈자리가 많아진다. 그리고 다시 긴 간격을 두고 같은 현상이 되풀이된다.

여기까지가 이론상으로 상황을 되도록 단순하게 추상화해 얻은 결과다. 이 밖에 고려해야 할 인자가 다수 존재하지만, 그중에 가장 중요한 인자를 집어넣어 도출한 결론이므로 실제와 별반 다르지 않으리라 생각한다.

나는 내 가설을 증명할 작정으로 이따금 집 근처 정류장에 가서 회중시계를 든 채 지나다니는 전차 간격을 재본다. 가령 지난 6월 19일 저녁, 진보초 정류장에서 8시께부터 수십 분간 스가모와 미타를 오가는 전차를 대상으로 관측한 결과를 보자.

표에 적힌 시간은 진보초 정류장에서 남쪽으로 100미터쯤 떨어진 지점을 전차가 통과하는 순간이다. 시간 옆에 붙인 부호는 어림잡아 표시한 승객의 많고 적음이다. ○는 보통 만원, △는 좌석은 거의 꽉 찼지만 손잡이는 대부분 빈 상태, ×는 빈 좌석이 많은 텅 빈 상태, ◎는 매우 심한 만원, ××는 두세 명밖에 없는 상태를 나타낸다.

표를 보면 5분마다 지나가는 전차 수는 변동이 심함에도 그 평균수는 북행이든 남행이든 거의 비슷하게

시 분	남행			5분간 차량 수	북행			5분간 차량 수
7 55				0	시 7	분 55 58	초 40 ○ 18 ○	2
8 0				0	8	0 2 3	0 △ 31 × 43 ○	3
5	시 8	분 6 8 8 9	초 43 ◎ 16 ○ 54 △ 27 ×	4		7 9	23 ○ 50 △	2
10		12	35 ×	1		12	32 ×	1
15		15 16 16 17 18	43 △ 19 × 31 ×× 24 × 55 ×	5		19	34 ○	1
20		22 23 24	0 × 15 × 35 ×	3		20 21 23	52 × 48 ×× 28 ×	3
25		29	30 △	1		27 28 29	18 ○ 28 ×× 21 ○	3
30		30 32 34	23 × 45 × 33 △	3		33	44 ×	1
35		36 37 38	36 ○ 31 × 22 ×	3		38 39	34 △ 5 ××	2
40	5분간 평균 2.2						평균 2.0	

약 2분 30초에 한 대꼴이다. 다만 각 전차의 시간 간격에서 남행 구간이 길게는 11분 43초, 짧게는 불과 12초로 극단적으로 변화한다. 또 다소 예외는 있지만 대체로 긴 간격 뒤에는 혼잡한 전차가 오고 짧은 간격 뒤에는 한산한 차량이 온다. 전차 간격 빈도를 통계 내보면 다음과 같다.

    4분 이상 4회
    3분 이상 9회
    2분 이상 15회
    2분 이하 23회
    1분 이하 11회
    40초 이하 5회

보시다시피 간격 횟수를 따지면 대체로 긴 간격이 적고 짧은 간격이 많다. 전체 38회 간격 가운데 4분 이상이 4회로 약 10퍼센트를 차지한다. 단 승객이 길고 짧은 간격 중 어느 쪽을 마주칠 기회가 더 많냐는 문제는 별개 사안이다. 이 문제를 명확히 풀려면 각 간격 횟수에 그 간격 시간을 곱한 값을 합해 비교해야 한다. 이제 시험 삼아 1분 단위로 간격을 나눈 다음 구간별 간격 횟수에 그 평균 시간을 곱해 더해보자. 5분 이상인 간격은 제외하고 2분 이하인 간격에 대한 2분 이상 5분 이하 간격의 적분값을 구하면 23.5와 46.5 즉 약 1:2 비율이 나온다. 만약 여기에 때때로 발생하는 5분 이상인 간격까지 계산하면 그 격차는 더욱 심해진다.

이는 무엇을 의미하는 걸까.

각 승객이 우연히 한 정류장에 도착했을 때 어떤 특정 간격과 마주칠 확률은 모든 간격 시간과 횟수의 상승곱을 합한 값에 대한 특정 간격 시간과 횟수를 곱한 비율로 주어진다. 내가 조사한 결과로 말하자면 2분 이하 간격에 들어갈 기회는 세 번 중 한 번이며, 2분 이상 5분 이하라는 긴 간격에 부딪칠 기회는 세 번 중 두 번꼴이다. 실제로는 5분 이상인 간격까지 계산에 포함되므로 아마 네 번 중 세 번 정도 되리라(정류장에서 기다리는 시간의 확률을 논하려면 좀 더 깊이 들어가야 하지만 여기서는 생략하겠다). 이상은 단순히 한 예에 불과하지만 내가 관측한 다른 결과에서도 대체로 유사한 경향이 확인된다.

결국 아무 생각 없이 언제나 처음 들어오는 전차에 뛰어드는 사람은 한산한 전차를 만날 기회가 적고 혼잡한 전차를 탈 기회가 현저히 많다. 그런 경험은 자연스레 사람들 머릿속에 스며든다. 어쩌다 붐비던 다수의 기억이 드물게 비어 있던 소수의 기억보다 강하게 각인될다면 심리적 왜곡을 일으켜 약간 과장된 형태로 남을 게 뻔하다. 그 결과 많은 사람이 무의식중 한산한 전차의 존재를 잊고 모든 전차가 만원이었다는 인상을 받을지도 모른다.

확실하진 않지만 어쨌든 다음 결론에 도달한다. '정류장으로 들어오는 첫 전차에 올라타는 사람은 한산한 차량보다 혼잡한 차량을 만날 확률이 높다.'

따라서 붐비는 전차에 점점 더 많은 사람이 타면서 점점 더 규정 시간보다 늦어지기에 더욱더 혼잡해진 다는 공식이 나온다. 그리고 이 공식을 끝까지 파고들면 묘한 결론에 다다른다. 첫째, 도쿄 시내 전차의 승객 대다수는—비록 무의식일지언정—스스로 원해서 만원 전차를 골라 탄다. 둘째, 그럼으로써 그 만원 전차의 혼잡도를 더욱 높이는 데 일조한다.

얼핏 역설적으로 들리겠지만 당연한 귀결로 차마 부정할 수 없는 사실이다. 만약 이상하게 느껴진다면 그건 내 논리가 아니라 현실이 이상한 것이다.

그럼에도 이렇게 편중되기 쉬운 운행 상황을 피하고 조금이라도 더 균등한 분배를 원한다면 이론상 방법은 간단하다. 일단 전차 차장이든 감독관이든 정원을 철저히 지키도록 강제한다. 하지만 그보다 지름길은 승객 자신이 처음 마주친 전차에 기어이 타고야 말겠다는 욕구를 다소 자제하며 30초에서 2분쯤 소중한 시간을 희생하더라도 다음에 오는 한산한 전차를 타면 된다. 이로 인해 잃어버린 30초에서 2분은 아마 목적지에 도착하기 전에 보상받으리라.

물론 만원 전차를 좋아하느냐 싫어하느냐는 '취향'의 문제라서 다수의 승객이 만원 전차에 앞다투어 올라타는 일을 유난히 흥미롭고 즐겁게 느낀다면 어쩔 수 없다. 그 취향의 옳고 그름을 판단할 기준은 수학이나 과학에서는 구하지 못한다.

옛날에는 남에게 길을 양보하고 이익과 행복을 나누는 일을 미덕으로 꼽았는데 지금은 어떨지 모르겠다. 뭐, 미덕은 잠시 뒤로 밀어두고 단순히 공리적 또는 이기적 관점에서 생각해도 만원 전차는 다른 사람에게 양보하고 조금 늦게 빈 전차를 타는 편이 자신뿐만 아니라 타인을 위해서도 편하고 '능률' 높은 행동이다. 적어도 혼잡을 남달리 좋아하는 사람이 아니라면 말이다.

여담이지만 곰곰이 생각해보니 인생의 행로에도 전차 혼잡과 비슷한 문제가 많은 듯하다. 그때 역시 무조건 처음 오는 만원 전차를 타려는 사람과 잠시 기다렸다가 다음 전차를 타려는 사람, 이렇게 두 유형으로 나뉜다.

인생은 너무 복잡해 간단한 수학 따위로는 응용할 방법조차 보이지 않는다. 하여 전차 혼잡을 통해 얻은 유추가 어디까지 적용될지 전혀 상상이 안 된다. 더더욱 두 가지 방침 혹은 태도의 옳고 그름을 판단하기란 어려운 일이다.

아마 누구에게나 어려운 문제이리라. 어쩌면 논의 대상이 아닌 취향의 영역일지 모른다. 나는 그저 전차의 문제와 비슷한 문제가 다른 곳에도 있다는 사실에 주의를 기울여주기를 바랄 뿐이다.

유언비어

기다란 관 속에 수소와 산소를 적당한 비율로 혼합해 집어넣은 다음 관 한쪽 끝 가까이에서 작은 전기불꽃을 일으킨다. 그러면 불꽃에서 시작된 연소가 차례차례 번져가고, 전파 속도는 급격히 증가하다가 마침내 이른바 '폭발파'가 만들어져서 놀랄 만한 속도로 진행된다. 이러한 원리는 잘 알려진 사실이다.

  만약 수소의 혼합 비율이 너무 적거나 너무 많으면 아무리 전기불꽃을 일으켜도 연소하지 않는다. 물론 전기불꽃 바로 옆에서는 화학작용이 일어나지만, 사방으로 널리 전파되지 못한 채 거기서 끝나버린다.

  유언비어가 퍼지는 상황은 앞서 말한 연소의 전파와 형식상 다소 비슷한 점이 있다. 최초 불꽃에 해당하는 뜬소문의 '발원'이 없으면 유언비어는 애당초 발생하지 않는다. 뿐만 아니라 차례차례 이어받아 전해주는 매개체가 없으면 '전파'는 일어나지 않는다. 즉 유언비어가 유언비어로 아예 성립조차 못 하기에 그 자리에서 슬그머니 사라질 게 틀림없다.

그러므로 혹시 어떤 계기로 도쿄 시내에 유언비어가 퍼지는 현상이 일어난다면 적어도 그 책임의 절반은 시민이 져야 한다. 사안에 따라서는 90퍼센트 이상을 짊어져야 할지도 모른다. 왜냐하면 어느 특별한 기회에 유언비어의 발원이 될 만한 작은 불꽃이 고의든 우연이든 여기저기서 발생한다면 대부분 필연적이고 불가항력적인 자연현상이겠지만, 그러한 상황에서도 시민 스스로가 전파의 매개체가 되지 않으면 유언비어는 절대 유효하게 성립할 수 없기 때문이다.

"오늘 밤 3시에 대지진이 일어난다"란 유언비어를 퍼뜨리려는 자가 있다고 가정해보자. 만약 동네 어른 가운데 가령 30퍼센트만이라도 지금 기술로는 그렇게 정밀한 지진 예측이 불가능하다는 사실을 확실히 안다면 그 유언비어의 알은 부화하지 못한 채 그대로 썩어버린다. 반대로 그 유언비어가 유효하게 전파된다면 어떨까. 이는 명백한 사실조차 정확히 아는 사람이 얼마나 소수인지를 드러내는 증거로 봐도 무방하다.

대지진과 대화재가 한창인 와중에 폭동이 일어나

도쿄 시내 우물에 독약을 집어넣고 주요 건물에 폭탄을 마구 던진다는 뜬소문이 퍼졌다고 치자. 그때 시민 대다수가 다음과 같이 생각했다면 어땠을까.

도쿄에 존재하는 우물의 10퍼센트에 독약을 탄다고 가정한다. 그 우물물을 한 사람이 한 번 마시면 죽거나 심한 꼴을 당하기에 충분할 만한 농도로 독약을 섞기 위해서는 과연 어느 정도 분량이 필요할까. 이 질문에 정확한 대답을 구하려면 우선 독약 종류를 선택한 뒤 종류에 따른 최소치사량을 추정해야 한다. 그리고 한 사람이 하루에 마시는 물의 양, 우물물의 평균 전량, 시중 우물의 총수 등을 대략 알아야 한다. 이른바 과학 상식이라 할 법한 지식을 바탕으로 이론적 추산을 대강 해봐도 얼마나 엄청난 분량이 필요한지 쉽게 상상 가능하다. 더군다나 폭도들은 지진이 나기 전부터 막대한 독약을 미리 모아 저장해놨어야 한다. 뭐, 도저히 있을 수 없는 일은 아닐지라도 조금 이상하긴 하다.

설령 그만한 준비를 마쳤다고 가정해봤자 그다음 더 큰 일이 기다린다. 수백 명 혹은 수천 명의 폭도에게 일일이 업무를 정해주고 독약을 건넨 다음 각 구역으로 파견하는 일이다. 이는 상당한 시간이 걸리는데, 그 시간이 주어졌다고 치자. 이제 한 사람 한 사람이 받은 통을 걸머지고 자기가 맡은 구역까지 걸어가 우물 위치를 찾아다닌다. 우물을 발견하면 인기척이 없는 틈을 노려 마침내 독약을 던져 넣는다. 이때 더욱 효과를 높이려면 우물물 총량을 어림잡아 그에 맞게 독약 분량을 줄이거나 늘려야 한다. 또 투입하고 나서 잘 녹아 골고루 섞이도록 휘저어야 한다. 이거, 따지고 보니 매우 힘든 일이지 않나.

그 결과 독약을 둘러싼 유언비어를 완전히 믿지 않는 수준까지는 아니더라도 최소한 자기 집 우물을 향한 두려움은 어느 정도 줄어든다.

폭탄 이야기 역시 마찬가지다. 도쿄 시내 중심 건물에 마구 폭탄을 던져 넣기 위해 필요한 폭탄 수량과 인원을 계산해보면 적어도 고지대 가난한 주택가에 사는 사람들이 집마다 폭발이 일어날 것처럼 과도한 공포에 떨지 않아도 된다.

누군가는 심각한 천재지변을 겪는 와중에 그런 안일한 계산 따위를 할 여유가 어디 있냐고 타박할지 모른다. 그 말에도 일리가 있다. 하지만 그렇다고 하면 그야말로 시민이 생존에 필요한 과학 상식이 부족하다는 사실을 드러내는 꼴이다.

나는 과학 상식이란 일부러 천왕성 거리를 암기

하거나 갖가지 비타민 종류를 터득하는 것만은 아니라고 생각한다. 조금 더 가까운 곳에서 살아 움직이며 작용해야 하고, 판단 기준이 돼야 마땅하다.

물론 상식에 따른 판단이 다 믿을 만한 건 아니다. 과학 상식은 더욱 그러하다. 하지만 적절한 과학 상식은 어떤 일과 마주했을 때 우리에게 '과학적으로 성찰할 기회와 여유'를 준다. 그런 성찰이 이루어지는 곳에서는 유언비어의 열기나 전파 능력이 현저히 약해질 수밖에 없다. 설령 성찰의 결과가 틀려서 유언비어가 정말 실현되는 사태가 벌어진들 적어도 문화 시민으로서 심한 치욕을 당하는 일만은 피할 수 있지 않을까 싶다.

관점과 거리

어느 날, 하마초 메이지좌 극장 옥상에서 우에노 공원을 내려다보다가 묘한 사실을 깨달았다. 우에노 과학박물관과 그 뒤편에 자리한 제국학사원이 의외로 멀리 떨어져 보인다는 점이었다. 나는 한 달에 한 번 정도 이 두 건물 앞을 지나가므로 가까이에서 봤을 때의 두 건물 사이 거리에 대해 꽤 정확한 개념을 갖고 있었다. 적어도 그렇게 믿었는데, 웬걸, 이번에 처음으로 약 3.5킬로미터 떨어진 곳에서 바라보니 내 선입견이 완전히 무너져버렸다. 새삼 과학박물관 대 제국학사원의 공간 관계를 재고해야 하는 상황에 빠졌다.

어째서 이런 공간 인식 차이가 생기는 걸까. 곰곰이 생각해봐도 잘 모르겠다. 여러 원인이 있겠지만, 혹시 그중 하나는 이게 아닐까. 즉 가까이 다가가서 올려다볼 때는 가로 폭에 비해 세로 높이를 지나치게 크게 어림하는 경향 때문에 그 결과 두 높은 건물의 간격이 좁아 보인다. 반대로 멀리서 바라볼 때는 더 이상 올려다본다는 느낌은 사라지고 눈과 거의 같은 수평면상에서 시야각이 작은 물체를 보게 되기에 상하좌우 비율이 제대로 인식된다. 이 해석이 틀릴지도 모르지만, 어느 정도 이를 뒷받침할 만한 사실이 몇 가지 더 있다.

예컨대 태양이나 달의 고저각을 눈대중으로 잴 때 대개 실제보다 높다고 여긴다. 그 결과 일출 직후 또는 일몰 직전 한두 시간 동안 태양이 유독 빨리 움직이는 것처럼 느껴진다. 산의 경사면도 보통 실제보다 경사각이 크다고 생각한다.

이들과 조금 다르지만, 종이 위에 수평으로 일직선을 그리고 그 가운데 수직으로 같은 길이 직선을 세우면 수직선 쪽이 더 길어 보인다. 얼굴이 기다란 사람이 헌팅캡을 쓰면 더한층 얼굴이 길어 보인다고들 말하는데, 왠지 앞선 설명과 관련이 있는 듯하다.

예술사진 기법 중 하나로 풍경의 가로 폭을 줄여 납작한 집은 우뚝하게, 나지막한 숲은 높게 보이도록 해서 분위기를 살리는 방식이 있다. 유클리드적으로 보면 사실을 왜곡한 거짓 사진이지만, 심리적으로는 오히려 진실에 가깝다.

화가들이 이야기하는 소위 "데생이 정확하다" 혹은 "부정확하다"는 말도 결국 이런 의미에서 '심리적으로 진실한 묘사'를 하라는 뜻 같다. 이를 극단까지 밀어붙이면 캐리커처야말로 가장 정확한 초상화인 셈이다.

이때 연관해 떠오르는 것이, 사람 외모를 둘러싼 '닮음'에 대해 사람들이 가지는 생각 차이다. 이를테면 갑이라는 사람 눈에는 A와 B가 무척 닮아 보인다. 그런데 을이라는 사람은 전혀 닮지 않았다고 말한다. 이는 갑과 을 두 사람이 주목하는 지점이 다르기 때문이다. 즉 A와 B 두 사람 얼굴에서 갑은 '눈'이 관심의 초점인 반면 을은 눈은 별로 중요하지 않고 '입매'가 두드러진 특징으로 각인되는 식이다.

이런 경우도 가능하다. 갑은 A의 눈이 원래보다 약간 크게 보이는 반면 B의 눈은 약간 작게 보인다. 그 때문에 실제로는 꽤 크기와 모양이 다른 A와 B의 눈이 서로 닮았다고 느껴진다.

또 다른 경우도 있다. 갑이 A라는 이성의 외모에 좋든 싫든 특별한 흥미를 갖고 있다고 치자. 하지만 을은 A의 얼굴에 아무런 흥미가 없다. 이때 갑이 아무리 B나 C나 D가 A를 닮았다고 해도 을이 보기에 조금도 닮은 데를 찾을 수 없다. 갑의 머릿속에는 이미 A의 거푸

집이 생겨서 B며 C며 D 얼굴 가운데 약간이라도 A와 비슷한 부분이 있으면 그 점을 잡아내 A의 거푸집에 끼워 넣고 나머지 부분까지 그 틀에 맞춰 다시 주조해버린다.

　이와는 별개로 과학자가 연구를 하면서 어떤 현상과 또 다른 현상 사이에 뚜렷한 형식적 내지 본질적 유사성이 느껴져서 그에 대해 해석하고 주장했는데, 관점이 다른 학자에게는 그 유사성이 전혀 보이지 않을 때가 왕왕 있다. 그 때문에 갑에게는 거의 자명하다고 여겨지는 일이, 을에게는 아예 문제가 안 되는 잠꼬대처럼 들리기도 한다.

　결국 바라보는 시각 차이 때문에 같은 물체라도 길고 짧음, 멀고 가까움이 제각각 달라진다. 두 개 막대기 중 어느 쪽이 자이고 어느 쪽이 주걱인지 알 수 없게 되므로 이 세상에 싸움이 끊이지 않는다. 하지만 그 덕분에 과학이 번창하고 문학이 활기찰 뿐만 아니라 비평가라는 이상한 직업이 성립하리라.

벌이 경단을 만드는 이야기

우리 집 정원 식물은 매년 갖가지 해충에게 무참히 학대당한다. 모처럼 아름답게 가지런히 나온 새잎을 어느새 나쁜 곤충이 갉아서 망가뜨린다. 그중 장미가 가장 호되게 당한다. 날개가 검고 허리가 노란 작은 벌이 부드러운 새싹 줄기 속에 알을 낳으면 머지않아 줄기 옆면이 세로로 찢어지고 유충이 태어난다. 이들은 새잎 가장자리에 주렁주렁 검은 머리를 늘어놓은 채 놀라운 식욕으로 순식간에 잎이란 잎은 모조리 먹어치운다.

　　작년에는 비취색을 띤 장미 벌레와 같은 종으로 보이는 벌레가 철쭉까지 퍼지고 말았다. 철쭉꽃이 약간 거무스름해져서 잎과 비슷한 색을 띠어 이상했다. 어떻게든 해충을 박멸할 방법은 없을까, 생각만 할 뿐 전문가에게 물어보지도 책을 찾아보지도 않은 채 결국 그대로 내버려뒀다. 어느 날, 미쓰코시백화점 6층에서 장미를 구경하는데 이 벌레가 떡하니 눌러앉은 장미에 가격표를 붙여 놓은 게 아닌가. 깜짝 놀랐다. 전문가조차 벌레를 완전히 쫓아내거나 없애기 어렵다면 일반인 손으로 해결하지 못하는 게 당연하단 생각이 들었다.

여하튼 작년에는 몇 그루의 장미와 철쭉이 시원하게 삭발해버렸다. 그렇게 말라 죽는 줄 알았더니 웬걸 의외로 살아남았다. 올봄 햇빛을 받자마자 우직하게 새싹이 솟아나기 시작했다. 이제 다시 그 애벌레가 찾아오겠구나 싶어 가끔씩 주의 깊게 살펴봤지만, 왜인지 아직 그리 많이 발생하지 않았다.

대신 올해는 다른 종류인 털벌레가 잔뜩 나타났다. 검은 등줄기 위에 연한 레몬색 보송보송한 털 뭉치가 네 개 달리고 양쪽으로 아름다운 주황색 선이 흐르다가 머리끝에서 타는 듯한 붉은빛을 띠며 새까만 긴 털이 쑥 나와 있다. 털벌레는 장미뿐만 아니라 싸리, 단풍철쭉, 부용에도 엄청나게 달라붙었다. 예전 애벌레만큼 왕성한 식욕은 없는 반면 조금 사치스러운 취향을 가져서 장미 꽃봉오리만을 골라 한쪽 끝부터 먹어 들어갔다. 작년에는 잘도 피던 크림색 장미가 올해는 털벌레 때문에 심하게 망가졌다.

어릴 적 살던 시골집 울타리에 한가득 장미가 심

어 있어도 이렇게 큰 해충 피해를 입은 기억은 없다. 도시 공기가 탁한 탓에 식물마저 인간처럼 가뜩이나 약해진 데다 온갖 벌레에게 괴롭힘을 당한다. 이래서는 언젠가 식물이 멸종하는 게 아닐지 걱정된다.

　이런 벌레가 점점 수를 늘려가며 전부 인간과 평등한 생존 권리를 주장하면 어떻게 될까. 그러면 벌레에게는 인간 쪽이 해충일 게 틀림없다. 장미꽃이든 뭐든 벌레한테는 그저 필요한 영양물질이건만 인간이 쓸데없는 오락을 위해 독점하려고 벌레를 손끝으로 뭉개다니, 벌레 입장에선 꽤 포악한 짓일지 모른다.

　어느 날, 점심을 먹은 후 정원에 나가 털벌레가 가장 많이 붙은 장미를 보러 갔다. 그리고 눈에 띄는 대로 젓가락으로 털벌레를 집어 처리했다. 인간 입장에서 아무래도 어쩔 수 없었다.

　둥그렇게 퍼진 장미 가지 꼭대기에 흙색 도마뱀 한 마리가 누워 있었다. 가만히 엎드려 이른바 일광욕을 하는 모양이었다. 어쩌면 뜨뜻미지근한 쾌락을 누리기 위해서가 아니라 훨씬 더 절박한 생존 권리를 주장하기 위해 무언가를 기다리며 노리는 중이었을지도. 이따금 꾸물꾸물 기어다니다가 다시 꼼짝하지 않고 심술궂은 눈을 번뜩인다. 혹시 애벌레를 찾고 있는 걸까. 그렇다면 참으로 고마운 일이라고 생각했다.

순간 눈앞에서 한 편의 활극이 벌어졌다. 같은 장미 위에서 뭔가를 물색하던 진갈색 벌이 갑자기 아무런 이유 없이, 또 어떠한 예비 동작 없이 돌연 도마뱀 등으로 달려들었다. 이어 오른쪽 뒷다리 부근을 벌침으로 쏘는 것처럼 보였다.

도마뱀은 아무 일도 일어나지 않은 양 그대로 미동조차 하지 않았다. 몇 초 후 다시 느릿느릿 기어 잠깐 움직이는가 싶더니 딱 멈춰 서서 작은 눈을 번뜩였다.

무슨 연유로 벌이 도마뱀을 공격했는지 도통 짐작이 가지 않았다. 인간이라면 '사업상 경쟁자'라는 말로 쉽게 설명될 법한 행위 동기가 여기에도 적용될지 어떨지 모르겠다. 어쨌든 이 활극은 내게 여러 생각을 불러일으켰다. 하지만 자연현상에서 인간에게 알맞은 윤리가 반드시 도출되리란 법은 없다.

장미 반대쪽으로 돌아가 보니 벌 한 마리가 또 있었다. 어쩐지 뭔가 일을 하는 모양새였다. 아까 도마뱀을 공격한 벌인지 아닌지는 몰라도 여하튼 같은 종이었다. 널따란 이파리 위에 앉아 앞다리로 작은 털벌레를 꽉 움켜쥔 채 날카로운 가위처럼 생긴 주둥이로 열심히 물어뜯었다. 내가 발견했을 때는 이미 털벌레인지 뭔지 모를 덩어리가 된 지 오래였는데, 주위에 삐져나온 털 뭉치로 보아 털벌레였다. 끊임없이 씹어대며 다리로 솜씨 좋게 덩어리를 굴리자 처음에는 살짝 찌그러졌던 형태가 거의 완벽한 둥근 경단이 되었다. 이제 털 흔적 따윈 어디에도 보이지 않았다. 한번은 굴리다가 하마터면 바닥으로 떨어뜨릴 뻔했는데 가까스로 막아내는 모습이 우스꽝스러웠다.

벌은 이윽고 경단을 입에 물고 날아가다가 왜인지 다시 다른 가지에 내려앉았다. 인간으로 치면 대충 짐을 꾸려 시험 삼아 슬쩍 들어보는 듯한 행위였다. 한동안 재차 덩어리를 잘게 씹어 동그랗게 뭉치는 동작을 되풀이했다. 몸 전체로 박자를 맞추듯 잔가지를 흔들며 부지런히 움직였다. 씩씩하고 야무져 보였다. 붉은빛이 도는 갈색 자그마한 몸뚱이가 암팡진 기운으로 터질 것 같았다. 2~3분쯤 지났을까. 벌이 갑자기 날아오르더니 곧바로 돌진하듯 이웃집 지붕을 닿을락 말락 넘어 사라졌다.

나는 털벌레에게 이토록 강한 적수가 있다는 사실을 전혀 몰랐기에 눈앞에서 벌어진 사건에 꽤 강렬한 인상을 받았다. 새삼스레 자연계에서 이루어지는 '조절'이 얼마나 복잡하고 교묘한지 깨달았다. 동시에 기분 내키는 대로 젓가락 끝으로 털벌레를 잡아버린 제 어리석음을 알아챘다. 아주 조그마한 문명에 자부심을 느끼며 만물을 정복한 듯한 기분에 빠져 감히 자연은 물론 동포와 그 영혼 위에서 제멋대로 젓가락을 휘두르는 짓을 하다니! 한 단계 높은 곳에서 내려다보는 신의 눈에는 몹시 어리석은 행동으로 보이지 않을까, 무심코 생각했다.

    그로부터 이삼일 지난 뒤 같은 장미에서 같은 종으로 보이는 벌이 커다란 털벌레를 잡는 광경을 목격했다. 벌이 느닷없이 털벌레에게 달려들어 머리 부분을 물자 외피가 찢어지며 녹색 액체가 옥처럼 쏟아졌다. 그걸 끌다시피 하며 벌은 높은 잎으로 높은 잎으로 올라갔다. 그동안 물어뜯는 행위를 쉬지 않고 계속했다. 털벌레 형태는 점차 사라지고 초록빛이 도는 검은색 덩어리로 바뀌어갔다.

    마침내 벌은 날개를 활짝 펼치며 세차게 퍼덕였다. 아마도 날아오르려고 했겠지만, 벌레 무게가 그 벌의 비행력 이상인지 조금도 움직이지 못했다. 어떻게 할까? 궁금해하며 보고 있자니 조금 기다란 덩어리를 깨물어 능숙하게 두 조각으로 자르고 그중 하나를 정성스레 둥글게 만든 다음 입에 문 채 전날과 같은 방향으로 날아갔다. 사라지기 직전 몸 끝에서 투명한 액체가 한두 방울 분비됐다. 어쩌면 물어뜯으며 빨아들인 털벌레 진액으로 배가 부른 결과려나.

　　남은 한 조각을 가지러 벌이 되돌아올까 싶어 10분 정도 기다렸다. 그사이 완전히 다른 방향에서 비슷하게 생긴 벌이 날아와 먹이를 찾아 장미 위를 한참 서성거렸다. 나머지 경단 반쪽이 놓인 근처까지 가서도 눈치채지 못했는지 결국 어딘가로 떠나버렸다.

　　두 시간쯤 후 확인하러 갔더니 털벌레 반쪽 덩어리는 이미 사라진 상태였다. 과연 누가 가져갔는지 정확히 알 수 없다. 다만 기존 벌에 대해 알려진 사실로 미루어보아 나머지 반쪽도 정당한 권리자가 사는 벌집으로 옮겨졌을 가능성이 크다. 막상 다른 벌집 주민에게 빼앗겼을지도 모르지만.

　　나는 그 벌집을 찾고 싶다. 그래서 벌이 만든 기발한 경단이 어떻게 처리됐는지 알고 싶다.

　　물론 곤충의 행위는 곤충의 행위로, 인간과는 무관한 일이다. 인간이 곤충보다 못하다는 결론 따윈 오늘날에는 아무 의미도 없다. 그런데도 곤충이 행하는 일을 보고 있으면 실로 재미있다. 감탄이 나올 뿐, 결코 화가 나지 않는다. 내게는 그걸로 충분하다. 인간이 하는 짓을 보며 화만 내는 많은 이여, 잠시 짬을 내어 곤충의 세계를 구경해보길.

고양이

봄에서 여름으로 넘어가는 무렵이었지 싶다. 어느 날, 아이가 와서 알렸다. 사랑방 툇마루 밑에서 길고양이가 새끼를 낳은 걸 발견했다고. 가보니 이웃집 부엌을 위협하던 커다란 검은 고양이가 툇마루 아래 대나무와 목재를 욱여넣은 깊숙한 곳에서 새끼 두 마리를 키우고 있었다. 하나는 삼색, 하나는 줄무늬였다. 단조로운 아이들 생활에서 꽤 큰 사건이었는지 고양이 모자의 별의별 소식이 내 귀에까지 자주 전해졌다.

    우리 집에서는 내가 철들고 난 뒤로 고양이를 기른 적이 한 번도 없었다. 무엇보다 어머니가 고양이라는 동물을 관념적으로 미워했다. 친척 집에 집개는 있어도 집고양이는 없었다. 고양이만 보면 닥치는 대로 물건을 던져 쫓아야 하는 줄로 알았다. 옛날에 어떤 하인은 정성 들여 밧줄로 올가미를 만들어 산울타리 개구멍에 설치해

들고양이 몇 마리를 잡기도 했다. 조카 중 한 명은 조상 대대로 내려오던 창을 휘두르며 고양이와 싸우겠다고 어둠 속에 웅크리고 앉아 기다렸다. 막상 고양이 울음소리가 들리자마자 창을 내던지고 안방으로 도망쳐 들어오긴 했지만.

그런 연유로 고양이에게 영 관심이 없던 나는 무심코 툇마루 밑을 들여다보는 일조차 하지 않았다.

새끼 고양이는 점점 자라서 가끔가다 정원 잔디밭에 모습을 드러냈다. 파릇한 새싹이 돋은 잔디 위 때론 철쭉 그늘에 발을 쭉 뻗고 드러누운 어미 고양이에게 새끼 고양이 두 마리가 장난치는 광경을 목격하곤 했다. 물론 복도를 따라 다가오는 사람 발자국 소리가 들리면 어미는 부리나케 툇마루 밑으로 뛰어 들어갔고, 거의 동시에 새끼들 역시 자취를 감추었다. 길고양이 새끼는 길고양이로 자라도록 교육받나 보다.

한번은 아내가 어떻게 붙잡았는지 줄무늬 새끼 고양이를 데리고 사랑방으로 들어왔다. 하얀 앞치마로 온몸을 폭 싸맨 채 머리만 내민 녀석을 무릎 위에 올려놓고 턱 밑을 긁어주거나 했다. 고양이는 체념한 듯 별로 발버둥 치지 않다가 앞발을 꺼내주자 금세 도망가려고 목을 이리저리 비틀어댔다. 아이들은 그 새끼 고양이를 키우고 싶어 했지만, 적당히 달래서 풀어줬다. 집에서 고양이를 키우다니, 당시만 해도 도저히 있을 수 없는 일이었다.

이삼일 지나 아내가 이번에는 삼색 고양이를 잡아 데려왔다. 이 녀석은 줄무늬 녀석과 달리 무섭도록 용감하고 고집이 셌다. 앞치마를 뒤집어쓴 채로 거칠게 저항하다가 조금이라도 발이 삐져나오면 곧바로 할퀴거나 달려들어 물려고 했다. 정원에서 놀 때도 줄무늬 고양이보다 훨씬 민첩하고 활발했던 모양이다. 고양이 새끼라도 형제간에 개성 차이가 있는 걸까, 이상하게 흥미가 생겼다. 고양이는 열 마리면 열 마리, 털색만 다를 뿐 성질은 다 비슷할 거라 어렴풋이 생각했더랬다. 동물 가운데 고양이의 지위가 조금 올라가는 기분이었다.

아이들뿐만 아니라 아내까지 끼어들어 삼색 고양이를 길들여 집에서 키우자고 했지만, 나는 여전히 내키지 않았다. 이 고집 세고 용감한 새끼 고양이에게 뭔가 여태까지 한 번도 느껴보지 못한 가벼운 친밀감 혹은 애착 비슷한 감정이 들긴 했다. 고양이라는 존재가 아주 조금이나마 인격화되어 내 마음에 비치기 시작했다.

그 뒤로 검은 고양이 가족은 더욱더 사람 그림자를 두려워했다. 그에 비례해 아이들 관심은 점점 커져갔다. 저녁밥을 먹고 나면 정원 여기저기에 매복병처럼 숨어 있다가 부주의하게 기어 나오는 새끼 고양이를 쫓아다니며 붙잡으려 했다. 이제는 어른에게조차 잡힐 것 같지 않았다. 얼마 있다가 너무 심한 박해에 겁을 먹었는지, 아니면 새끼들이 벌써 자라 의젓해졌는지 툇마루 아래 산실을 버리고 아예 어딘가로 옮겨 갔다. 그래도 이따금 옆집 별채 차양 위에서 고양이 모자 모습을 보곤 했다. 새끼 고양이는 마주칠 때마다 커져 있었다. 어느새 제법 당당하고 뛰어난 길고양이답게 조심성과 민첩성을 드러냈다.

고양이가 가까이 머물러도 쥐의 장난은 이어졌다. 마침내 2층 벽장 맹장지를 갉아 먹고 손님용으로 마련한 가장 좋은 이불에 커다란 구멍을 내기까지 했다. 새끼 쥐조차 더는 걸리지 않는 쥐덫은 덮개가 떨어진 채 부엌 찬장 위에서 나뒹굴었다. 갈고리에 달아맨 어묵은 바짝 말라버린 전병 과자처럼 으등그러졌다.

6월 중순의 일이다. 한창 일을 하는데 아이가 부르러 왔다. 고양이를 데려왔으니 구경하러 오란다. 가보니 벌써 꽤 자란 삼색 고양이였다. 여럿이 빙 둘러앉아 새로운 동거인의 일거수일투족을 호기심 가득한 눈으로 살펴봤다. 고양이에 관한 상식이 없는 내게는 모든 것이 그저 신기할 따름이었다. 아내가 안아 올려 턱 밑이나 귀 주변을 긁어주자 가슴께에서 무언가 끓어오르는 듯한 소리를 냈다. 고양이가 목을 울린다든가 그르렁거린다는 얘기는 책이나 사람들한테 들어 익히 알았지만, 실제로 경험하는 것은 마흔 몇 살 넘어 처음이었다. 이게 기쁨을 표현하는 징후라니! 처음 듣는 나로선 아무래도 곧장 납득이 가지 않았다. "이 고양이, 폐 상태가 안 좋은가?"라고 말했다가 엄청나게 웃음을 샀다.

사실 지금도 정말로 목에서 나는 소리인지 폐에서 나는 소리인지 잘 모르겠다. 소리와 더불어 나름 진동이 가슴 전체로 퍼진다는 사실은 만져보면 뚜렷이 느껴진다. 또 복부로 갈수록 약해지면서 사라진다. 아마 진동이 단단한 갈비뼈에 전해진 결과 바깥쪽까지 나타나는 게 아닐까 싶다.

그나저나 이 소리가 발생하는 메커니즘이며 이런 발성이 지니는 생리적 의미가 궁금하다. 중학교에서 동물학을 배우긴 했어도, 새소리나 벌레 소리는 잡지와 책에서 읽긴 했어도, 고양이의 그르렁 소리는 배울 기회가 없었다. 현대 교육의 결함이 아니라 전적으로 내 비상식 탓이다. '데모크라시'를 신경쇠약 치료제, '레닌'을 독약 이름으로 아는 교사가 있다는데, 나는 그보다 더 심할지도 모른다. 하긴 레닌이나 데모크라시, 고양이의 그르렁 소리를 제대로 이해하는 사람은 의외로 적지 않을까. 여하튼 이 그르렁그르렁은 인간이 식욕 만족을 예감하며 목구멍에서 내는 잡음과는 본질적으로 다르다.

    이 소리는 내게 갖가지 소리를 연상시킨다. 바닷속에 잠수했을 때 파도에 밀린 자갈이 맞부딪혀 들려오는 소리며 화산 분화구 깊숙한 곳에서 울려오는 가마솥이 끓어오르는 듯한 소리가 떠오른다. 만약 사자나 호랑이가 똑같은 소리를 낸다면 더욱 신비롭게 느껴질 것 같다. 그 소리를 한번 들어보고 싶다.

    다다미 위에 내려놓자 삼색 고양이는 곧바로 근처 종잇조각에 장난을 걸었다. 몸놀림이 참으로 경쾌하고 우아했다. 사람 아이라도 자기 몸을 이렇게까지 기품 있게 다루기 쉽지 않을 터. 뭐, 영국 귀족은 어떨지 모르겠지만. 그러면서도 움직임 하나하나가 자못 어린이답다. 사람 아이의 아이다움과 정확히 어디라고 꼽기 어려운 구석이 꽤 비슷하다.

    길고양이 새끼와 비교하면 이 얼마나 뚜렷한 대조인가. 길고양이는 태어나자마자 인류를 적으로 간주해야 하는 운명을 부여받는 반면 이 녀석은 처음부터 사람 호의를 절대적으로 신뢰한다. 낯선 집에 입양되어 왔는데도 벌써 여기를 자기 집이라 여기며 조금도 의심하거나 두려워하지 않는다. 아무리 거칠게 다뤄진들 모두 좋은 뜻으로 받아들일 듯하다.

그건 그렇고 내가 집에서 고양이를 기르자는 데 동의한 기억은 없었다. 새끼 고양이를 데려오자는 얘기를 자주 듣긴 했어도 적극적으로 찬성하진 않았다. 막상 지금 눈앞에서 이 예쁘고 아이 같은 작은 동물을 보니 그런 문제는 저절로 사라졌다.

들어보니 새끼 고양이를 키우고 싶다는 가족들의 바람이 식모 입을 통해 자주 드나드는 채소 장수에게 전해지는 사이 적극적 요청으로 바뀌어버린 모양이다. 갑자기 채소 장수가 원래 고양이 주인집에서 일하는 식모와 함께 고양이를 데려왔단다.

부엌으로 들어온 삼색 고양이를 안방으로 데려가자 곧장 다시 부엌으로 달려가서 자신을 데려온 사람을 졸졸 따라다니는 통에 잠깐 끈으로 묶어둘까 했지만, 데려온 사람이 불쌍하니 제발 묶지 말아달라고 해서 그만뒀다고. 밤에는 품에 안고 재워달라는 부탁까지 하고 돌아갔다고 한다. 내가 보러 갔을 때는 이미 시간이 제법 흘러 많이 익숙해진 상태였다.

원래 주인집에서 무척 귀하게 길러졌는지 아무거

나 함부로 먹지 않았다. 우유나 생선 살, 그것도 맛난 부위만 먹었다. 딱딱한 머리뼈 따윈 입에도 안 댔다. 엄청나게 사치스러운 고양이라고 말하는 사람도 있었고, 기품이 넘친다고 칭찬하는 사람도 있었다. 밥상 위 음식을 노리는 일 따윈 결코 하지 않았다.

    고양이를 향한 아이들의 애착은 날이 갈수록 강해졌다. 학교에서 돌아오면 어깨에서 가방을 내려놓기도 전에 "고양이는?", "삼색이는?" 하고 물었다. 왠지 모르게 적적하던 아이들 생활에 새로운 인정이 한 줄기 스며든 느낌이었다. 어린 두 자매 사이에서는 종종 고양이 쟁탈전이 벌어졌다. "나도 조금만 안아볼래"라든가 "오늘은 한 번도 못 안아봤단 말이야"라며 다투는 소리가 때때로 멀리 떨어진 내 방까지 들려왔다. 끝내는 둘 중 하나가 울음을 터뜨리곤 했다. 아이들이 고양이 때문에 너무 감상적으로 변하지 않을지 걱정이 될 정도였다.

    고양이도 사정이 딱했다. 편히 잠들 시간은 아이들이 학교에 갔을 때뿐이었다. 이윽고 방학이 되자 잠깐의 여유조차 사라졌다. 큰애는 작은애가 삼색이를 장난감처럼 다루는 모습을 볼 적마다 "불쌍하니 놔주라"고 말하면서도 금세 자기가 괴롭혔다. 도망쳐서 툇마루 밑으로 숨으면 좋으련만 끝까지 순순히, 싫어하는 기색이 역력

한데도 아무 저항 없이 아이들에게 한껏 휘둘리는 게 조금 잔혹하게 느껴졌다. 실제로 점점 야위어 예전과 달리 몸통이 홀쭉해졌다. 걸을 때는 약간 비틀비틀했고, 앉아 있을 때는 몸이 흔들흔들했다. 그리고 사람처럼 앉아 졸기도 했다.

고양이가 앉아서 졸다니 신기했다. 대단한 발견이라도 한 양 남들에게 말했더니 익히 알던 사람은 다 웃었고 모르던 사람은 아무도 재미있어하지 않았다. 고양이의 이런 행동에 비친 인간의 자태를 유심히 바라보고 있노라면 익살과 비애가 섞인 묘한 기분이 들었다.

이래서는 머지않아 새끼 고양이가 죽어버릴 것 같았다. 가끔 밥을 토해 깔개를 더럽히기도 했다. 밤이면 완전히 지쳐서 맥없이 깊은 잠에 빠져들어 웬만한 소리에도 쉬이 깨지 않았다. 그런데 이상하게도 마구 설치던 쥐들이 어느새 자취를 감추었다. 가끔 부엌에서 그릇 부딪히는 소리가 들려도 삼색이는 아무것도 모른 채 잠만 잤다. 아마 이제껏 쥐를 본 적 없기에 그녀의 본능은 아직 잠들어 있는 것이리라.

너무 괴롭히면 어디론가 보내버리겠다는 둥 원래 집으로 돌려보내겠다는 둥 아이들 앞에서 으름장을 되풀이했다. 결국 원주인과 상의해 이틀 정도 그 집으로 휴양을 보냈다.

고양이가 사라지자 집 안 전체가 갑자기 쓸쓸해졌다. 때마침 비가 줄곧 내려 정원에 나가지 못하는 아이들은 평소와 달리 아주 조용했다.

언제나 밤에 아이들이 다 잠들면 삼색이는 발소리조차 내지 않고 서재로 들어와선 책상 아래 내 발에 살며시 장난을 걸었다. 안아서 무릎 위에 올려놓으면 금세 그르렁그르렁 소리를 냈는데, 그날 밤은 집에 없으니 당연히 오지 않았다. 일을 마치고 천천히 담배를 피우며 고요한 빗소리를 듣는 사이 묘한 상상이 떠올랐다. 삼색이가 정말 어딘가에 버려져 이 빗속을 흠뻑 젖은 채 이리저리 헤매고 다니는 모습이 그려졌다. 굶주림과 추위에 떨며 어느 쓰레기통 주변을 서성이다가 모르는 집 빗장문 틈으로 새어 나오는 불빛 아래서 그리움에 사무쳐 애처롭게 우는 게 아닐까.

다음 날 저녁, 데려와 보니 불과 이틀 사이에 몰라보게 살이 쪘다. 뾰족하던 얼굴이 통통해져서 눈이 작아 보였다. 눈가 히스테릭한 주름마저 사라져 느긋한 표정으로 바뀌어 있었다. 어떤 좋은 대접을 받고 온 건지가 화제에 올랐다. 누군가 어미 젖을 먹어서가 아니냐고 말했다.

여름이 한창 무르익자 저녁녘이면 가족 모두 정원

으로 나왔다. 그때마다 삼색이는 꼭 따라왔다. 예전에 길고양이 모자가 놀던 철쭉 뿌리 근처 옴폭한 곳은 어느 고양이나 좋아하는 장소인지 공을 쫓아 이리저리 뛰놀다가도 어김없이 그곳으로 뛰어들었다. 그리고 먹잇감을 노리는 맹수 같은 자세로 살금살금 기어 나와 마침내 덤벼들기 직전에 허리를 좌우로 흔들었다. 때론 얼룩조릿대 속에 숨어 한동안 꼼짝도 안 하다가 잉어가 뛰어오르듯 갑자기 껑충 뛰어나와서는 멀뚱한 얼굴로 딴청을 피웠다. 또는 네 다리를 양옆으로 벌려 배를 잔디에 딱 붙인 채 마치 하늘다람쥐처럼 날아가는 자세를 취했다. 아마 배를 식히는 게 아닐까 싶었다.

잔디를 깎고 있으면 어느새 몰래 다가와 별안간 가위 끝에 달려들곤 했다. 위험하기 그지없으니 늘 조심스레 깎는데도 고양이가 노린다고 경고하는 아이들 외침이 들리기 일쑤였다. 잔디 깎이 가위를 향한 고양이의 호기심은 오랫동안 이어졌다. 끈 조각이나 공에 더는 장난치지 않게 된 뒤에도 내가 가위를 들고 정원으로 나오기 무섭게 졸졸 따라왔다. 툭하면 쪼그려 앉은 내 허리 아래로 살며시 들어와 무릎 사이에서 얼굴을 쑥 내밀었다. 곧이어 가위를 툭 치고는 만족했는지 어슬렁어슬렁 맞은편으로 걸어가서 울창한 팔손이나무 아래에서 나비를 노리거나 두꺼비를 건드리며 놀았다.

두꺼비 사냥은 처음엔 실패했다. 달려들어 물으려다가 뭔가 당했는지 하얀 침을 질질 흘리며 두 앞발로 자기 입을 잡아 뜯다시피 문지르며 괴로워했다. 개구리가 담배를 핥았을 때 보이는 행동과 비슷했다. 그 후로는 입은 안 갖다 대고 앞발로 두꺼비 머리를 내리누르거나 옆구리를 살짝 눌러보며 고개를 갸웃거렸다. 우직한 두꺼비는 삼색이가 건드릴 때마다 잔뜩 긴장해선 몸을 부풀렸다. 흙빛을 띤 못생긴 몸통이 분노 덩어리처럼 보였다. 자신이 절대 우위에 있음은 아는지 새끼 고양이는 종종 한눈팔며 앞발을 내밀어 슬쩍슬쩍 놀려댔다.

다만 난감하게도 도마뱀을 잡아먹는 버릇이 붙고 말았다. 처음에는 잡은 녀석을 반드시 다다미 위로 가져와 먹기 전에 갖고 놀았다. 어떨 때는 큰 도마뱀 꼬리만 물고 왔다. 몸통에서 떨어져 나온 꼬리는 마치 독립된 생명체인 것처럼 꿈틀거렸다. 나는 발견하는 족족 삼색이를 붙잡아 억지로 입에서 도마뱀을 떼어내어 다시는 눈에 띄지 않도록 처리했다. 모처럼 손에 넣은 먹이를 빼앗긴 삼색이는 한동안 다다미 위를 킁킁거리며 돌아다녔다. 도마뱀을 잡아먹으면 왜 안 되는지 고양이가 알 턱이 없었다. 솔직히 나 자신조차 왜 안 되는지 설명하기 어려웠다. 나중에는 굳이 다다미로 가져오지 않고 잡은 자리에서 바로 먹어버리는 법을 발명한 듯했다. 혀로 입가를 핥으며 툇마루로 올라오는 삼색이를 볼 때마다 왠지 찜찜했다. 우리 가족과 밥상 일부를 나누는 식구나 다름없는 고양이가 도마뱀을 먹다니, 가족의 밥상 전체를 모독하는 느낌이 들었다. 그만큼 이 네발짐승은 내 머릿속에서 인격화되어 있었다.

밤늦게 혼자 일할 때면 긴 툇마루를 걸어오는 가벼운 발소리가 들린다. 삼색이는 의자 밑으로 들어와 살며시 내 발을 스쳐 지나간다. 무심코 "왜?", "무슨 일이야?"라는 말이 입에서 나온다. 결코 혼잣말이 아니다. 내 말을 제대로 알아듣는 상대를 향한 이인칭 화법이다. 상대는 아무 대답도 하지 않다가 안아 올리면 곧 예의 그르렁 소리를 낸다. 자식이 없는 외로운 사람이나 인간 세상에서 마음껏 어루만질 대상을 잃어버린 노인이 고양이를 마냥 귀여워하는, 고양이를 애지중지하는 심정이 이해가 갔다. 어떤 서양인이 까마귀를 키워 농사 동무로 삼았다는데 그 사람 마음도 조금 알 듯했다. 고독한 이기주의자에게는 이런 동물이 어중간한 인간보다 훨씬 더 믿음직한 삶의 벗일지 모른다.

신기하게도 그토록 고양이를 싫어하던 어머니가

이따금 무릎 위로 기어 올라오는 새끼 고양이를 밀쳐 내지도, 방문 창호지를 찢어놔도 별로 신경 쓰지 않았다.

우리 집에 온 뒤로 고양이의 호기심을 가장 자극한 물건은 모기장이지 싶다. 웬일인지 모기장만 보면 이상하리만치 흥분한다. 특히 안에 사람이 있고 자신이 밖에 있을 때 그 현상은 두드러진다. 등을 높이 치켜세우고 귀를 뒤로 젖힌 채 겁먹은 표정을 짓더니 죽기를 각오한 듯한 기세로 달려든다. 보드랍지만 억세고 질긴 모기장의 저항이 불가사의한지 온몸을 던진다. 질질 끌려오면서도 어느 결에 '자루처럼 자신의 몸을 에워싸버리는 모기장 끝자락이 고양이에게는 신기할 수밖에 없으려나. 아무튼 평소 장난과는 참 다르다. 너무 진지해서 조금 무섭게 느껴진 적도 있다. 온순한 성정은 사라지고 야수 본성이 아주 뚜렷이 드러난다.

모기장 혹은 모기장 너머로 비치는 사람 그림자가 뭔가 두려운 물체처럼 보이는지도 모른다. 아니면 모기장 속 푸르스름한 빛이 숲속 달빛 아래 사냥감을 찾아다니던 먼 조상의 본능을 일깨우는 걸까. 만약 색깔이 다른 모기장이 여러 개 있다면 시험해보고 싶다.

장난감 가운데는 기다란 천을 감아둔 오동나무 막

대기를 재미있어한다. 앞발로 굴리는 일쯤이야 식은 죽 먹기고 막대기 한쪽 끝을 두 앞발로 휙 움켜잡고 뒷발로 멋지게 일어선다. 막대기가 쓰러지면 그걸 폴짝 뛰어넘고는 거들떠보지 않은 채 새침스레 슬렁슬렁 1미터쯤 걸어가 다소곳이 앉는다. 그런 행위를 몇 번이고 되풀이한다. 무슨 심리인지 전혀 짐작이 가지 않는다.

    2층에 등나무 의자가 하나 놓여 있는데, 네 다리 아랫부분을 대각선으로 연결한 십자형 막대기가 마치 작은 선반 같다. 여기가 삼색이가 좋아하는 놀이터 중 하나다. 종잇조각 따위를 그 선반에 떨어뜨려 놓으면 뒤엉킨 등나무 틈새 사이로 앞발을 뻗어 잡으려 든다. 그러다 종잇조각이 굴러떨어지면 이번에는 발랑 드러누워 아래 틈새로 발을 번갈아 집어넣곤 한다.

    이런 놀이가 무엇을 의미하는지 나로선 알 도리가 없다. 어쩌면 아직 자각하지 못한 미래의 사명에 익숙해지려는 연습을 무의식중에 하는 걸지도.

    이틀 동안의 본가 나들이로 회복했던 삼색이 몸은 어느새 다시 야위었다. 어깨뼈가 튀어나오고 옆얼굴이 뾰족해지며 눈알이 커졌다. 너무 가엾으니 고양이 한 마리를 더 키워 삼색이의 과중한 부담을 덜어주자는 의견이 나왔고, 다들 찬성했다.

어느 날 저물녘, 정원에 나와 거니는데 부엌 쪽이 떠들썩했다. 여자들과 아이들 웃음소리에 낯선 남자의 웃음소리가 섞여 있었다. "쫗—은 고양이네" 하고 '좋'에 묘한 악센트를 넣어 말하는 아내의 목소리가 또렷이 들려왔다. 수시로 드나드는 우유 배달부가 어딘가에서 호랑이 무늬 새끼 고양이를 얻어 데려온 것이었다.

아직 정말 작은, 한 손바닥에 들어갈 만큼 어린 새끼였다. 등에 윤기 없는 기다란 솜털이 보풀처럼 부푼 데다 얼굴 생김새가 꽤 기묘했다. 이마는 툭 튀어나오고 뭔가에 눌려 찌부러진 것처럼 얼굴 길이가 유독 짧았다. 걸맞지 않게 쫑긋 선 커다란 귀가 더한층 특이한 인상을 주었다. 어쩐지 으스스하게 부풀어 오른 배 양쪽에 새끼손가락만 한 뒷다리가 버팀목처럼 뻗딛고 있었다. 무심코 참억새 이삭으로 만든 부엉이 인형*이 떠올랐다.

삼색이는 놀람과 의심, 불안을 분명히 드러내며 이 새로운 동거인을 뚫어지게 바라봤다. 꼬마 고양이는 삼색이를 어미라고 착각했는지 반갑게 아장아장 걸어 다가가더니 작은 앞발 하나를 들어 만지려 했다. 삼색이는 독충이 물기라도 한 것처럼 깜짝 놀라 뒷걸음질 쳤다. 꼬

---

* 도쿄 조시가야의 전통 공예품으로 가을에 복을 기원하는 의미로 만든다.

맹이는 뒤따라가서 다시 앞발을 들어 올렸다. 그 모습이 너무 우스꽝스러워 모두가 자지러지게 웃어대는 통에 나도 모처럼 배꼽 빠지게 웃고 말았다.

조금 익숙해지자 이번에는 삼색이가 공세를 취하며 공격에 나섰다. 느닷없이 달려들어 목덜미를 꽉 누른 채 머리든 발이든 물어뜯고 뒷발로 할퀴었다. 마치 매와 어린 참새의 싸움 같았다. 꼬맹이가 질려 도망칠 줄 알았는데 좀처럼 그러지 않았다. 작은 새처럼 삑삑 울음소리를 내면서도 지지 않고 물고 할퀴었다. 삼색이가 풀어주자 몸을 돌려 앉아서는 짧은 꼬리 끝으로 허공에 ∞ 모양을 그리며 삼색이가 덤벼들기를 기다렸다. 어쩌다 꼬맹이가 장롱과 미닫이문 틈으로 들어가면 삼색이는 들어가지 못하니 미친 듯이 앞발을 집어넣으며 몸부림쳤다. 그사이 꼬맹이는 침착하게 반대편으로 나와서 서툰 지휘자처럼 짧은 꼬리로 갖가지 ∞ 모양을 그려댔다.

이름을 꼬맹이로 하자는 의견이 나왔지만, 그런 동물 이름은 다소 섬세함이 부족하니 피하는 게 좋겠다는 반론에 그만두었다. 결국 적당히 '방울이'라고 부르기로 했다.

두 고양이의 성격 차이는 날이 갈수록 뚜렷해졌다. 삼색이는 음식 욕심이 지극히 적고 품위가 넘쳐서 귀

족적이었다. 반면 방울이는 확실히 서민적이었다. 게다가 과격파로 작은 몸집에 어울리지 않게 무섭도록 식욕이 왕성했다. 삼색이가 거들떠보지도 않는 생선 뼈나 머리까지 달려들어 먹어치웠다. 누가 살짝 건드리기만 해도 등에 털을 곤두세우고 사납게 으르렁거렸다. '우— 우—' 정말 무시무시한, 이 조그만 새끼 고양이가 낸다고는 도무지 믿기 힘든 소리였다. 그리고 주변에 놓인 음식을 최대한 많이 차지하려고 앞 발가락을 한껏 벌려 꽉 붙들었다. 이 점에서 녀석은 자본가였다. 밀려난 삼색이는 어이가 없는지 약간 떨어져서 지켜봤다. 붉은 고등어 살점 하나만 줘도 입으로 물기 무섭게 아무도 건드리지 않는데도 예의 으르렁 소리를 내며 재빨리 어딘가로 달아났다. 아무래도 길고양이 기질을 타고난 듯했다. 이른바 배변 습관도 나빴다. 밤마다 방석이나 이불자락을 더럽혔다. 그 뒤치다꺼리를 해야 하는 부엌 식구들 사이에서 방울이를 하루빨리 돌려보내자는 목소리가 높아졌다. 그게 아니더라도 밥 먹을 때 방울이의 행동을 다들 한탄하며 불쾌하게 여겼다. 특히 얌전한 삼색이가 먹이를 빼앗길 때마다 더욱 그랬다.

방울이를 데려온 우유 배달부의 책임 문제까지 불거졌다. 우유 배달부에게 돌려보내고 더 좋은 고양이를 데려오자는 것이 모두의 바람처럼 보였다. 아예 어디서 후보 고양이까지 찾아와서는 내 동의를 구하기도 했다.

하지만 우유 배달부가 정직하게 원래 집으로 돌려보낸들, 다시 누군가 새 주인 손으로 넘어간들 결국 길고양이가 될 운명인 이 고양이를 덜컥 내보내려니 가엾었다. 나쁜 배변 습관은 조금만 신경 써서 버릇을 들이면 금세 고쳐질 것 같았다.

그래서 우선 골판지 상자에 낡은 플란넬 조각을 넣어 고양이 잠자리를 만들었다. 이어 과자 상자에 흙을 담아 욕실 마루 위에 나란히 두었다. 나는 잠들기 전, 모기장 밑단 언저리서 누워 자는 방울이를 찾아 욕실 자기 잠자리에 넣어줬다. 아무것도 모르는 새끼 고양이는 역시 고양이답게 그르렁거렸다. 흙냄새를 맡게 해주니 두 번 중 한 번은 거기서 볼일을 봤다. 문을 닫고 불을 끈 뒤 어두운 욕실에서 새벽이 올 때까지 어떻게 지내는지는 몰라도 유리창이 희끄무레해질 무렵이면 욕실 문을 바스락바스락 긁는 소리가 났다. 작은 새 같은 울음소리를 내며 빨리 내보내달라고 호소하길래 문을 열어주자마자 곧장 뛰쳐나갈 줄 알았는데 아니었다. 다시 잠자리로 들어가거나 강아지처럼 내 발 주변을 빙빙 맴돌았다.

열흘 남짓 이런 일을 되풀이한 뒤 시험 삼아 잠자

리 상자와 화장실 상자를 꺼내 삼색이가 드나드는 작은 구멍 옆에 놓아뒀다. 그러고는 방울이를 몇 번이나 데려가 흙냄새를 맡게 했다. 이튿날 아침 살펴보니 이불이나 다다미가 더럽혀진 흔적은 없었다. 아마 삼색이의 안내를 받아 작은 구멍을 통해 밖으로 나가는 법을 익힌 모양이었다. 이후 새벽녘에 그 구멍에서 기어 나오는 방울이를 보기도 했다.

    이상하리만치 발달했던 식욕마저 어느 정도 줄어 그리 게걸스럽게 먹지 않았다. 보기 싫을 만큼 불룩하던 배가 덜 도드라지자 야윈 허리와 뒷다리가 묘하게 초라해졌어도 점차 보통 고양이다운 모습으로 변해갔다. 어딘가 집고양이 특유의 너그러움과 도련님 같은 기품 어린 사랑스러움이 드러났다.

    여름방학이 끝나고 학교가 시작되자 고양이들도 드디어 한가해졌다. 오전이면 바람 잘 통하는 깔개 위에서 삼색이와 방울이가 네 다리를 쭉 뻗고 마음껏 낮잠을 잤다. 한쪽이 잠들면 다른 한쪽이 부지런히 몸을 핥아주기도 했다. 저녁이면 두 마리가 정원으로 나가 잔디밭 위에서 종종 씨름을 벌였다. 낮 동안 실컷 잠을 자게 되자 한밤중 툇마루에서 자주 소란을 피웠다. 조금 성가시긴 해도 화가 나진 않았다. 부엌에서 도자기 부딪히는 소리가 나서 가보면 깜빡하고 문을 안 닫은 찻장 위아래 선반에서 두 마리가 얼빠진 얼굴을 내밀고 쳐다봤다.

쥐를 잡는 광경은 아직 한 번도 본 적 없지만, 이미 쥐들의 장난은 그쳐 천장은 완전히 조용해졌다.

툇마루 밑에서 태어난 길고양이 출신 삼색이는 지금도 가끔 이웃집 처마에서 모습을 드러낸다. 아름다운 고양이건만 기분 탓인지 왠지 험상궂어 보인다. 겁 많은 우리 집 삼색이는 길고양이를 보면 부리나케 집으로 달려오는 반면 방울이는 태연하다. 언젠가는 길고양이와 함께 놀더라는 보고까지 들어왔다. "불량소년은 되지 말거라" 하며 머리를 툭 쳐도 왜 그러는지 고양이는 모를 것이다.

우리 집 고양이의 역사는 이제부터 시작이다. 나는 되도록 충실히 앞으로 고양이 생활을 기록해두고 싶다. 달이 맑고 바람이 잠잠한 가을밤, 삼색이와 방울이는 툇마루 디딤대 역할을 하는 나무 그루터기 위에 나란히 앉는다. 그러고는 등을 둥글게 말고 얌전히 달빛 비치는 고즈넉한 정원을 바라본다. 그 모습을 가만히 지켜보면 어쩐지 그윽하고 쓸쓸한 느낌이 가슴에 스며든다. 때론 평소와 달리 고양이가 인간 마음으로는 헤아릴 수 없는 다른 세계에서 온 존재처럼 느껴진다. 이런 감정은 아마 다른 동물한테서는 좀처럼 생기지 않으리라.

쇄골

아이가 계단에서 떨어져 다쳤다. 오른쪽 눈썹 뼈를 부딪쳤는지 눈꺼풀이 찐빵처럼 부풀어 올랐다. 그뿐인 줄 알았는데 구역질까지 해서 신경이 쓰였다. 의사가 와서 살펴보더니 아무래도 오른쪽 어깨 아래 쇄골이 부러진 것 같단다. 깜짝 놀라 서둘러 정형외과 T 박사에게 진찰을 받았다. 과연 쇄골이 보기 좋게 부러져 있다. 하지만 쇄골 골절은 별일 아니었다. 그보다 오른쪽 귀 뒤편 머리뼈 상부를 심하게 박은 듯한 흔적이 훨씬 더 큰 일이었다. 처음에는 대수롭지 않게 여기던 일이 점점 심각해졌다.

 T 박사 말에 따르면 머리를 다쳐도 몇 시간 동안은 전혀 아무렇지 않게 평소처럼 일을 하다가 돌연 의식을 잃고 쓰러지는 일이 종종 있다고.

 뇌에 서서히 출혈이 생겨 안에 점차 피가 고이면 뇌압이 상승하고 그에 따라 맥박이 차츰 빨라져 분당 120회까지 치솟는다. 이때도 당사자는 별다른 자각증상을 느끼지 않는다. 그 뒤 거꾸로 맥박이 차츰 느려져서 60회 정도에 이를 즈음 갑자기 졸도해 인사불성이 된다. 그래서 머리를 부닥쳤다 싶으면 설사 아무런 느낌이 없더라도 무조건 안정을 취하고 맥박을 재봐야 한다. 만약 위급하면 척추에 바늘을 찔러 물을 빼내거나 여러 처치를 받는다.

나도 소학교 시절 학교 현관 시멘트 바닥에서 씨름을 하다가 뒤로 발랑 자빠져 뒤통수를 크게 박은 적이 있다. 그때 부리나케 연못가로 달려가 머리에 물을 첨벙첨벙 끼얹은 일까지는 생각나지만, 이후 얼마간의 기억은 온통 공백 상태다. 다시 의식이 돌아왔을 때는 학교 수업을 다 듣고 여느 때처럼 책 보따리와 도시락을 챙겨 들고 익숙한 강변길을 반쯤 걸어온 뒤였다. 늘 그렇듯 동네 친구와 이야기를 나누며 집으로 돌아가는 중이었는데, 그사이 수십 분에서 한두 시간 남짓 기억이 정말로 깨끗이 사라지고 말았다. 집에 돌아와선 꾸중 들을까 두려워 부모님은 물론 아무에게도 말하지 않았다. 돌이켜보면 참으로 위험한 행동이었다.

머리를 부딪치는 상황을 대비해 T 박사가 말한 주의 사항은 일상에서 모든 사람이 꼼꼼히 숙지해야 마땅함에도 이번 사고가 일어나기 전까지 단 한 번도 들어

보거나 읽은 적이 없다. 학교에서 배웠을 법하지만 배우지 않은 것 같다. 또 신문이나 잡지에는 이런저런 쓸데없는 일이나 나쁜 사건만 실릴 뿐 중요한 사항은 도통 알려주지 않는다. 교육이 틀린 건지, 내 마음가짐이 안 좋은 건지 여하튼 둘 다 잘못했다. 이토록 소중한 정보는 학교든 신문이든 사흘에 한 번씩 반복해서 가르치면 좋겠다.

다행히 아이는 하늘의 도움과 명의의 기술로 무사히 회복했다. 부러진 뼈도 머지않아 원래대로 완전히 붙어버리는 모양이다.

그런데 쇄골은 본디 사고가 났을 때 부러지도록 만들어져 있단다. 이른바 안전판 역할을 하며 시원스레 부러지는 덕분에 갈비뼈를 비롯한 더 소중한 부분이 보호된다는 것이다.

지진이 났을 때 무너지지 않도록 학자들이 연구한 결과 이른바 내진가옥이 설계됐다. 경사재인 버팀대나 보강재 등 다양한 공법을 이용해 집을 견고하게 더한층 견고하게 짓는다. 이렇게 집이 튼튼해지면 대지진 때 무너지는 대신 집 전체가 토대 위에서 옆으로 미끄러지듯 움직인다. 그렇지 않으면 기둥이 부러져 붕괴할 우려가 높다. 그래서 내 풋내기 같은 생각으로는 차라리 어딘가에 '가옥 쇄골'을 설계하여 대지진이 오면 딱 그 부분이 부러지도록 해서 다른 중요하고 치명적인 부분을 보호하면 어떨까 싶다. 예전부터 이런 생각을 하며 이따금 그 분야 학자들에게 말해봤지만 아무도 상대해주지 않았다.

나는 아이의 사고를 계기로 다시 한번 생각을 다듬어보고 싶어졌다. 어쩐지 인간이 만든 것은 이래저래 결점투성이건만, 자연이 만든 것은 무얼 봐도 참으로 정교하다. 가령 사람 몸은 조금만 다쳐도 아프다. 움직이면 더 아프니까 할 수 없이 꼼짝하지 않는다. 그렇게 가만히 있으면 대체로 저절로 낫는 듯하다. 만약 다친 데가 아프지 않으면 아무렇지 않게 움직이거나 돌아다닐 테고, 그러면 상처든 골절이든 좀처럼 낫지 않을 테다.

위장이 나쁘면 배가 아프거나 속이 메스꺼워 음식을 입에 댈 마음조차 안 생긴다. 만약 아무런 고통이 없으면 태연히 뭐든지 먹을 테고, 먹으면 먹을수록 병은 더욱 심해질 게 뻔하다. 감기에 걸려 열이 오르면 괴로워서 일을 못 한다. 그저 누워 자고 싶다. 푹 자고 나면 낫지만, 무리하면 폐렴이 된다.

이처럼 너무나 평범한 사실 속에 경탄할 만한 자연의 신비로운 조화가 있음을 지금껏 전혀 깨닫지 못했는데, 이번 일을 겪고 나니 비로소 조금이나마 알 것 같다.

개나 고양이는 제대로 아는지 웬만한 상처나 병은 자연의 힘으로 고친다. 인간은 아주 작은 지혜에 우쭐해서 자연을 업신여기고 심지어 무리한 짓까지 해버린다. 그 결과 잃지 않아도 될 둘도 없는 생명을 잃곤 한다.

의술이란 결국 자연의 조화에 따른 천연 의술을 돕는 조력자일지 모른다. 어쩌면 명의는 뭣보다 뛰어난 대자연의 조수일지 모른다.

육체를 돌보는 의사가 있으면 정신을 돌보는 의사도 있다. 아쉽게도 후자에는 명의가 매우 드문 것처럼 보인다. 정신적 위가 나빠 자꾸 구역질하는 환자에게 억지로 돈가스를 먹이거나, 정신적 뼈가 부러져 아픈 환자에게 억지로 체조를 시키거나, 아무 탈 없는 사람에게 석고붕대를 감아 강제로 병원 침대에 눕히지는 않을지 걱정된다.

어쨌든 약하디약한 인간은 정신적으로 심한 충격을 받으면 머리가 멍해지거나 일부 신경이 마비돼 주저앉는다. 때론 이름 모를 병에 걸려 이불을 머리끝까지 뒤집어쓰고 앓아눕는다. 이 역시 자연의 신비로운 조화로, 흡사 '쇄골 골절' 같은 역할을 하기 위해 그렇게 되는 게 아닐까.

슬플 때는 눈물샘에서 액체를 내보낸다. 웃길 때

는 횡격막이 주기적으로 경련을 일으킨다. 그보다 더 나쁜 영향이 미치지 않도록 안전판 작용을 하는 게 틀림없다. 그렇기에 의술이 더욱더 진보하면 정신에 난 상처도 자연의 기묘한 능력을 인위적으로 도와주며 손쉽게 치료할지 모른다.

내가 지금 이런 공상에 빠진 것도 어쩌면 아이가 다쳐서 너무 놀란 나머지 조금 머리가 이상해진 탓이려나. 자연 치료법이 무의식적으로 작용해 넉살 좋게 이런 글을 쓸 마음이 생겼을 수도 있지 않은가.

어느 탐정 사건

수년 전, '꼬마'라 이름 붙인 흰 수컷 고양이가 병으로 죽고 나서 한동안 우리 집 툇마루에서 고양이 자취를 보지 못한 채 세월이 흘렀다.

 몇 해 전 이누카이 내각이 수립한 날*에 길을 잃고 헤매다가 집으로 날아든 롤러카나리아 한 마리를 붙잡아 키웠는데, 어느 날 아침 잠깐 방심한 사이 달아나버렸다. 그날 저녁 집에 돌아오니 거실 한가운데 새하얀 새끼 고양이 한 마리가 털썩 주저앉아 새침하게 몸단장을 하고 있었다. 가족한테 물어보니 어디선가 불쑥 들어와서는 완전히 제집인 양 집 안을 여기저기 돌아다녔단다.

 신기하게도 죽은 '꼬마'의 어렸을 적과 생김새가 비슷했다. 꼬리가 길고 그 꼬리에 꿩 깃털처럼 줄무늬가

---

* 이누카이 쓰요시가 제29대 총리대신으로 임명받은 날은 1931년 12월 13일(~1932년 5월 26일).

있는 점만 달랐다. 다른 집에서 기르던 새끼 고양이가 버림을 받았든가 아니면 길거리를 헤매다가 기어 들어온 게 틀림없었다. 어쨌든 그대로 눌러살아서 '하양이'란 이름을 붙였다. 보기 드물게 점잖은 고양이로, 한번은 개에게 쫓겨 이웃집 담과 담 사이로 도망쳐서 하루 종일 웅크리고 틀어박혀 있길래 겨우 찾아내 데리고 돌아왔다. 선녹색 눈동자와 분홍색 입술을 한 어린 수고양이의 풍모는 어딘가 이국적 정취가 넘쳤다.

죽은 흰 수컷 고양이의 어미는 집고양이로 하얀색 바탕에 얼룩 줄무늬가 가득했다. 어쩌면 '꼬마'와 '하양이'는 아비가 같거나 '하양이'가 '꼬마'의 자식일지 모른다는 생각이 들었다. 조금 짚이는 데가 있었다. 한때 우리 집에 종종 몰래 들어오던 고양이 가운데 앙고라 품종 같은 멋진 고양이 한 마리가 떠올랐다. 혹시 그 녀석이 '하양이'의 아버지나 할아버지가 아닐까.

요 얼마 전, 한 신문에서 연재하는 다양한 반려동물 이야기에 모 유명 인사가 키우는 고양이가 나왔다. 세 마리의 고양이 사진이 함께 실렸는데, 그중 한 마리가 우리 집을 드나들던 앙고라 고양이와 어쩐지 닮아 보였다. 닮은 게 무슨 문제가 되느냐 싶겠지만 그 유명 인사와 성이 같은 사람이 바로 200미터에서 300미터 남짓 떨어진 곳에 살았다.

여기서 한 가지 문제가 성립한다. 형식 면에서 형사나 탐정이 이따금 맞닥뜨리는 문제와 비슷하다. 분석하면 다음과 같다.

(1) 우리 집 근처 A 집은 신문에 실린 A 집과 동일한가?
(2) 동일하다면 그 집 고양이 B가 우리 집 정원에서 목격된 고양이 C인가?
(3) 그렇다면 우리 집 흰 고양이 D는 그 B=C 고양이의 혈족인가?

이에 대해 주어진 사실 조건은 이러하다.

(가) A라는 이름의 일치. 단 이웃 A 집에 서양 고양이가 있는지 없는지 모름.
(나) 신문에 실린 사진 속 B 고양이와 C 고양이는 매우 닮음. 단 기억만 할 뿐 증거 없음.
(다) B=C와 D가 다소 닮음.
(라) 신문 기사에 따르면 B 고양이는 불량해 밤낮으로 싸돌아다녀 난처하다는 주인 아내의 증언.

(가), (나), (다), (라) 모두 당면한 문제를 해결하기에는 너무나 빈약한 데이터라, 이것만으론 확실한 결론을 도출하지 못함은 과학자가 아니더라도 명백하다. 그런데 우리 인간이 지닌 '감정'과 이른바 '상식'은 (가), (나), (다), (라)로부터 (1), (2), (3)을 긍정하려는 강한 유혹에 빠지기 쉽다.

 그 후 자주 들르는 생선 가게 주인의 증언으로 이웃 A 집에 하얀 서양 고양이가 산다는 유력한 데이터 하나를 새로 추가했다. 물론 도쿄 내 서양 고양이를 키우는 A라는 성씨를 가진 사람이 몇 명인지 불분명하기에 (1)은 여전히 참인지 거짓인지 애매하다. 단지 이웃 A 집의 고양이와 우리 집 고양이가 혈족 관계일 수 있다는 확률이 어느 정도 생겼을 뿐이다.

 어설픈 탐정소설에서는 (가), (나), (다), (라)만으로 (1)→(2)→(3)을 유도하는 일도 없지 않다. 마찬가지로 실제 형사사건에서 비슷한 논리적 오류를 저질러 억울한 죄를 만들 우려가 있지 않을까. 결국 이런 생각마저 하기에 이르렀다.

 최근 모 대신이 10년 전에 '600년 전의 역적'을 옹호했다는 이유로 자리에서 물러나게 됐다는 소식*이 신문 지면을 떠들썩하게 장식했다. 10년 전의 모 씨와 오늘날 모 대신이 동일 인물이라는 사실을 증명하는 확실한 증인은 수두룩하다. 따라서 내 고양이 사건과 아무 상관 없는 별개 사안이다. 전혀 관계가 없는데도 우연한 착각인지 뭔가 관계가 있는 것처럼 느껴졌다. 필시 내 머릿속 착오다. 훗날 참고할 겸 이상한 착각의 한 예로 덧붙여 둔다.

---

* 천황제를 반대하며 무로마치 막부를 세운 아시카가 다카우지를 뛰어난 인물로 평가한 글 때문에 일어난 나카지마 상공대신 필화 사건을 말한다.

물리학과 감각

인간은 주변 자연계 사물에 대한 지식과 경험의 기초 자료를 모두 직간접적인 오감을 통해 얻는다. 선천성 시각장애인으로 시신경 기능이 결여된 사람에게 '색'이란 단어는 아무런 의미를 갖지 못한다. 물체의 성질에서 색이라는 관념을 뽑아내 생각할 수 없기 때문이다. 톨스토이가 쓴 동화 가운데 맹인에게 우유색이 뭔지 알려주려다가 헛수고만 하는 이야기가 있다. 눈처럼 하얗다고 하면 "그렇게 차가운 건가" 대답하고, 흰토끼 같다고 하면 "그렇게 털이 많고 부드럽냐" 되묻는다.

태어날 때부터 보이지 않고 들리지 않는 사람이 있다면 그 사람의 세계에는 오직 촉각, 후각, 미각 그리고 근육운동과 관련해 생기는 감각만이 존재할 터. 보통 사람이 갖는 시간이며 공간이며 물질에 대한 관념과는 상당히 다른 관념을 갖고 있을 게 틀림없다. 만약 세상 사람이 전부 시각장애인에다 청각장애인이라면 어찌 될까. 한정된 감각뿐인 세계에서도 그들은 나름대로 지식과 경험을 쌓아 점점 발달하고 체계를 세워 어떤 물리학을 만들어낼 것임은 의심할 여지가 없다. 그 물리학은 우리가 다소 상상하기 어려운 내용이겠지만.

인간의 시간 관념은 시각에 힘입은 바가 크다. 예컨대 해와 달과 별의 운행이나 밤낮의 구분은 시각을 잃어버린 사람에게는 절대 시간 경과를 알려주는 자료가 되지 못한다. 대신 추위와 더위가 오고 가기에 밤낮과 계절이 변화한다는 사실을 어느 정도 알아챈다. 어쩌면 촉감으로 진자의 주기운동과 자신의 맥박을 비교해 진동의 등시성을 헤아려 시계를 조립해낼지도 모른다. 하지만 자신의 손발이 닿는 좁은 공간 밖 세계에서 일어나는 현상을 자신의 시계에 의지해 관측하는 일은 너무나 어렵다. 이들에게 시간과 공간은 오직 자기 주변, 그러니까 양팔이 닿는 1.8미터 내외로 한정되어 마치 자신을 따라 함께 돌아다니는 것처럼 느껴진다. 자신의 촉각과 육체 감각이 모든 실재라서 자신과 무관한 외부 세계의 실재를 가정하기란 아무래도 쉽지 않다. '장님 코끼리 만지기' 우화는 이 점을 참으로 잘 짚어준다.

우화는 극단적인 한 가지 예에 불과하지만, 이야

기 속 가상 세계와 진짜 세계를 비교하면 알 수 있듯 인간이 말하는 '세계의 사물'은 인간이 바라본 사물일 뿐 그 사물의 전체인지 아닌지는 아무도 모른다.

철학자 중에는 이른바 '외계 사물'의 객관적 실재를 의심하는 자가 많다는데, 과학자인 나는 거기까진 의심하지 않는다. 세상에서 인간이 전멸해도 자연현상은 그대로 존재한다는 가정이야말로 물리학의 기초이자 출발점이기 때문이다. 그런 의미에서 모든 과학자는 유치한 실재론자다. 과학자라도 외계의 실재를 의심하려면 의심할 수 있지만, 대다수 물리학자에게는 의심하기보다 하나의 공리로 가정하고 인정하는 편이 과학을 성립시키는 절차가 단순해진다. 본디 어떠한 가정 없이 학문이 성립하기 어렵다면 일단 첫 번째 가정을 세워두는 쪽이 편리한 법이다.

그래서 '절대'나 '궁극의 진리'를 믿으며 손에 넣으려 노력하는 사람은 제일 먼저 과학에 실망하고 만다. 과학자는 아무런 변증 없이 인간과 독립된 외계의 존재를 가정해버린다. 물론 반드시 믿지 않아도 된다. 과학자가 개인적으로 그 이상 문제를 깊이 파고들어 고찰해도 별 지장은 없다. 다만 과학자로서 작업하려면 우선 첫 번째 가정부터 시작해야 한다. 마흐*는 감각 이외에 실재는 없다고 주장하지만, 그가 말하는 '감각의 세계'가 우리가 흔히 말하는 '외계'의 또 다른 이름이라면 여기에서 기술하는 내용과 그리 모순되지 않는다.

거듭 말하지만 인간은 외계 사물의 존재를 직간접적인 오감에 의지해 인식한다. 이러한 관능이 자극받아 생기는 각각의 지각은 기억으로 이어져 하나의 경험이 되고, 경험이 수차례 반복되는 동안 막연한 지식이 생겨난다. 이 원시적 지식은 더 많은 경험을 통해 점차 자세히 조사되고 선택된 끝에 개인의 일시적 지식에서 점점 보편적 지식으로 진화해 과학의 토대인 '사실'이 된다. 따라서 모든 경험의 첫 번째 근원인 인간의 오감이 과연 얼마나 예민하고 확실한지, 반드시 짚어봐야 한다.

사람이 맨눈으로 식별 가능한 가장 작은 크기는 어느 정도일까. 대략 1밀리미터의 수십 분의 1 이상이다. 고성능 현미경의 힘을 빌리더라도 그 수천 분의 1 이하로 낮추지 못한다(미세한 물체의 가시 여부는 그 물체 광도와 주위 광도 차이, 크기보다는 시각에 의해 좌우된다). 또 물체에서 오는 빛의 파장이 1밀리미터의 2천 분의 1 또는 3천 분의 1 정도가 아니면 더 이상 망막에 감각을 일으키

---

* 오스트리아의 물리학자이자 철학자로, 헤겔의 자연철학에 반대하며 순수 감각에 기초하는 실증주의 감각론을 주장했다.

지 않는다. 파장이 범위 내라도 빛이 운반하는 에너지가 일정 한도 이상이어야 감지된다. 게다가 광학적 착각이라는 성가신 문제가 발생한다. 주변 상황에 따라 직선이 휘어져 보이거나 색이 다르게 보인다. 좀 더 들어가면 A라는 사람이 느끼는 빨강과 B라는 사람이 느끼는 빨강이 얼마나 일치하는지도 불확실하다.

소리에도 한계가 있다. 진동수 20~30헤르츠 이하, 1~2만 헤르츠 이상의 음파는 듣지 못한다. 진폭이 일정 한도 이하여도 마찬가지다. 진동수가 조금 다른 소리 역시 고저 구분이 불가능하다.

촉감으로 온도와 무게를 판단할 때는 더욱더 불확실해진다. 사람에 따라 차가움과 뜨거움을 느끼는 감각이 다를뿐더러 열전도율에 의해서도 달라진다. 온도계 눈금을 보지 않고 냉온을 가린다면 사람마다 다른 판단을 내릴 게 뻔하다. 이래서는 보편적 사실이 성립되지 않는다. A와 B 두 물체의 온도 차 역시 촉각으로 구별할 때가 온도계로 구별할 때보다 차이가 더 커진다. 무게를 느끼는 감각도 마찬가지다. 촉각으로는 10돈짜리와 11돈짜리의 차이를 좀처럼 구분하기 어렵다.

이처럼 인간은 오로지 감각기관으로 외부 세계의 존재를 인지하고 현상을 직접 느낀다. 하지만 그 감각기관은 매우 조잡하고 사람마다 다르기에 각자가 자신의 감각만을 믿고 모순된 주장을 주고받는 동안에는 누구에게나 통용되는 보편적 사실 즉 과학은 성립되지 않는다. 결국 물질계와 관련된 보편적 지식을 성립하려면 인간의 직접적 감각 이른바 주관적 표준을 일단 포기하고 자신 이외의 물질계로 표준을 옮겨야 한다. 이것이 현대 물리과학을 지배하는 비인간적 자연계의 근원이다. 외부 세계를 표준 삼아 외부 세계를 판단하는 일은 비단 물리학자만 하지 않는다. 누구든지 일상에서 자연스레 행한다.

한 선천성 시각장애인은 성장해 눈꺼풀 절개 수술을 받은 뒤 처음 세상 빛을 봤을 때 시야에 들어오는 모든 사물이 자신의 눈 표면에 붙은 것처럼 느껴졌다고 한다. 이 같은 무경험적인 순수한 감각에만 의존하면 2미터 앞 30센티미터짜리 막대기와 20미터 떨어진 30센티미터짜리 막대기가 전혀 다른 물체로 보일 게 틀림없다. 바로 놓인 찻종지와 거꾸로 놓인 찻종지를 같은 물체라고 깨닫기까지 수많은 경험을 쌓아야 한다. 평범한 감각기관을 가진 인간이 이러한 차이를 알아채는 까닭은 유전과 오랜 경험으로 외부 세계의 표준을 외부 세계에 두고 매우 복잡한 훈련과 무의식적 추리를 거듭한 덕분이다.

인간의 이성이 그려내는 기하학적 공간 즉 어디

나 균질하고 등방인 공간은 인간의 시각으로 직접 보는 공간과 무섭도록 동떨어져 있다. 시각적 공간에서는 바로 놓인 찻종지와 거꾸로 놓인 찻종지, 발밑 아래 산과 4킬로미터 떨어진 산은 너무나 다르게 보인다. 종이에 그려진 사각형조차 기울기에 따라 전혀 다른 감각을 불러일으킨들 이상할 게 없다. 이런 차이를 인간이 당연하게 받아들이는 이유는 주관을 벗어난 기하학적 공간이라는 기준을 무의식적 혹은 의식적으로 가지기 때문이다.

청각도 마찬가지다. 천둥소리의 진폭은 대체로 귀 가까이에서 덧문을 미는 소리보다 크지 않음에도 천둥소리가 유독 더 크다고 느끼는 이유는 직접적 감각을 무시한 채 음향 강도와 거리라는 물리 법칙을 우선하기 때문이다.

주관을 무시하는 정도는 인간 문명의 수준에 따라 점점 변해간다. 회화에 음영을 입히고 투시화법을 사용하는 일이 어떤 민족에게는 당연한 데 비해 어떤 민족에게는 쉽게 이해되지 않는 까닭도 직접적 감각과 감각을 벗어난 관념에 따른 차이 때문이다. 적어도 이 점에 한해 미개인이나 아이가 그린 관념적 그림이 서양 거장의 그림보다 더 과학적이다. 단 그 관념이 사람마다 제각각이기에 보편성을 띠지 못한다는 사실은 부정할 수 없다.

이렇게 보면 물리학자나 비전문가가 별반 다르지 않은 듯해도 물리학자가 비전문가와 다른 점은 평범한 인간이 가진 감각에서 벗어난 견해를 끝까지 철저히 고수한다는 데 있다. 물리학 발달 초기에는 물리학자의 견해와 세간의 견해가 그다지 다르지 않았다. 가령 음향이라는 현상을 보자. 옛날에는 전적으로 인간의 청각에 호소하는 감각적인 소리를 연구했지만 점차 물체의 진동과 파동이란 객관적 현상을 연구하며 '들리지 않는 소리'라는 진귀한 말이 생겨났다. 현재 순수 물리학에서 감각에 의한 소리라는 개념은 이미 소멸했음에도 인습에 얽매인 탓에 여전히 음향학이란 이름이 존재한다. 지금으로선 오히려 탄성체 진동학이라 불러야 마땅하다(생리적 음향학은 논외).

빛에 대한 감각도 그러하다. 빛을 감각하는 문제는 생리학에 넘겨주고 물리학은 비인간적 전자파를 연구할 뿐이다. 열복사나 무선전파마저 하나의 연속체로 인식하기에 빛이란 단어가 무의미해지며 복사선이란 단어에게 밀려나고 말았다.

오늘날 철저히 비인간적으로 보이는 물리학에서도 아직 그렇지 않은 요소를 찾아보면 수두룩하다. 힘이라는 관념은 비인간적 경향을 고수하는 입장에서 본다면 전혀 구체성이 없는 단지 '물질에 가속도가 생겼다'를 '힘이 작용했다'는 말로 상징해 바꾼 표현에 불과하다. 그런데도 보통 사람들은 뭔가 구체적인 '힘'이 존재하는 것처럼 받아들인다. 이는 어쩔 수 없는 인간의 성향으로 그렇게 생각하는 쪽이 편리해서다. 또 물리학에서 '좌우'라는 말을 사용하는데, 이 역시 인간이 생각해낸 구별로 공간 자체에는 좌도 없거니와 우도 없다. 만약 비인간적 태도로 일관한다면 물리학 서적에서 좌우란 단어를 제거해야 하지만 실제로는 아무렇지 않게 쓴다. 이러한 예는 비인간주의 물리학이 인간의 편의 앞에 무릎 꿇고 있음을 여실히 보여준다.

어떤 사람은 물리학 교과서를 기하학 교과서처럼 획일적으로 만들기를 바라는데, 나는 어려운 일이라고 생각한다. 애초 완전히 임의로(물론 경험에서 암시되긴 하지만) 하나의 개념을 부여한 뒤 해석만으로 내용을 전개하는 수학과 달리, 물리학은 자기 외에 실제 주어진 외계 현상을 계통화하는 분야라서 상당히 성격이 다르다. 예를 들어 자동차 한 대를 만든 다음 기계 힘만으로 마음껏 가도록 내버려두면 편의나 선택이란 문제는 안 생긴다. 차는 가는 곳밖에 가지 않는다. 이것이 해석적인 수학이 가는 방식이라면 물리학은 그렇지 않다.

물리학이란 자동차 핸들을 쥐고 사통팔달한 거리에 서 있는 것과 같다. 동일 목적지에 도착하더라도 경로는 반드시 일정하지 않다. 그래서 경로 선택이라는 문제가 생기고 이때 선택 기준은 인간의 편의 즉 사고의 절약이다. 만일 운전사가 어느 한 주의를 고집한다면, 가령 큰길만 골라 밀고 나간다면 아주 멀리 돌아야 할지도 모른다. 한 길을 따라 일사불란한 물리학 계통을 세우려는 희망은 결코 나쁘지 않다. 다만 인간의 편의를 고려하면 오히려 불편해진다. 물리학은 큰길이 가로세로 교차하는 가운데 그 사이사이 수많은 샛길이 자리 잡은, 복잡한 계통으로 보존하고 발달해야 마땅하다.

최근 들어 플랑크* 같은 학자들이 기존에 강력하던 마흐 일파의 실증주의 감각론에 반대해, 과학에서 실재는 인간이 만들어낸 편의적이며 상대적인 것이 아니라 훨씬 절대적인 법칙 계통에 따라 성립된다고 주장한다. 이른바 '세계상의 통일'을 논하는 것이다. 슬쩍 뒤로 물러나서 보면 이는 너무 성급한 생각이 아닐지 의심하지 않을 수 없다. 플랑크는 물리학을 인간의 감각으로부터 해방시키자는 용감한 구호를 내건 주창자임에도 막상 무시

---

* 독일 물리학자로, 물리학 이론의 객관성을 강조하며 열복사 이론에 양자가설을 도입해 노벨물리학상을 수상했다.

하자고 외치는 인간의 감각에서 출발해 세운 과학 법칙을 지나치게 신용하는 게 아닐까 싶다. 현재 과학이 이룬 성취가 이미 최대치에 가까워서 우리는 고작 여기저기 남은 작은 틈을 메우는 일만 해야 한다면 플랑크의 의견은 그럴듯하다. 하지만 나는 그렇게 생각할 만한 확실한 근거가 있는지 의심스럽다. 물리학만 보더라도 요사이 세력을 얻은 양자론이 고전물리학과 모순되는 바람에 여태껏 서로 융화하지 못하는 상황이다. 플랑크가 바라는 세계상의 통일은 이른 시일 내 달성될 것 같지 않다.

지금으로선 생물계 현상에 관해 물리학은 거의 무능하다. 자크 러브* 같은 학자들이 열심히 노력함에도 여전히 실마리조차 잡지 못한 상태다. 생물 현상이 모두 현재 물리학으로 설명되리라고는 생각지 않는다. 다만 플랑크가 무생물계의 법칙 통일을 이상으로 삼는다면 한 걸음 더 나아가 물리학과 생리학 심지어 심리학까지 포괄하는 완벽한 '이학' 계통이 언젠가 수립되리라는 이상을 품지 못할 것도 없다. 그 일이 실현되려면 앞으로 물리학은 더욱더 근본적인 개혁을 이루어야 한다.

그래서 나는 마흐의 설에 더 많이 공감하는 편이

---

* 미국의 실험생물학자로, 생명을 정밀 기계로 보는 기존의 기계론에 반대해 생물체를 전체로서 봐야 한다고 주장하며 인간의 생리 현상 전반을 연구했다.

다. 인간에게 직접 주어지는 실재는 바로 감각이다. 이른바 외계와 자신의 신체 및 정신 사이에 일어나는 현상이다. 이 단순한 감각이 기억과 연상을 통해 결합하며 경험이 된다. 이러한 경험을 모아 지식으로 만들고 지식을 모아 법칙으로 만들기까지 인간은 여러 추상적 개념을 고안해 도구로 삼고 과학을 구축해 나간다. 도구가 되는 개념은 반드시 선험적이고 필연적이지 않아도 상관없다. 과학을 구축하고 지식을 정리하는 데 가장 편리한 개념을 선택하면 그만이다. 이때 인간의 편의 즉 사고의 절약이 선택의 기준이 된다.

    선택은 대개 눈앞에 여러 가능성이 배열될 때 사용하는데 실제로 과학 개념에 선택의 여지가 있을까. 이것이 가장 중요한 문제다. 현재 물리학 개념을 전부 개조하면 사고의 경제라는 면에서 기존보다 더욱더 유리한 체계가 만들어질지 어떨지 상상이 안 간다. 다만 물리학의 역사를 봤을 때 학문이 발전하면서 분명 갖가지 개념이 바뀌거나 새로이 구성돼 개조를 거듭했다. 빛과 소리의 관념이 그렇게 변화했다. 온도라는 개념도 과거 촉각에서 특수 물질 팽창을 거쳐 오늘날 열역학적 절대온도에 도착하기까지의 경로를 훑어보면 이전 시대에서는 꿈에도 생각지 못한 일이 후대에 명백히 일어났다.

더 새로운 예로 질량이라는 관념이 있다. 예전에는 질량을 물체에 포함되는 실체의 양이라 생각했다. 그러다 후에 일부 실증론자가 오히려 힘의 개념을 우선하며 물체에 힘이 작용할 때 받는 가속도를 결정하는 계수라는 식으로 해석했다. 전자설이 힘을 얻고부터는 운동하는 전기가 질량이라며 질량 전체를 전기적으로 해석하려 했다. 아울러 상대성원리의 결과로 에너지는 질량을 보유하는 만큼 작용한다는 점에서 모든 물질을 에너지로 보려는 시도도 있었다.

원자 내부에 관한 연구에 고전역학을 응용하다가 실패를 거듭한 결과 대담한 양자가설이 만들어졌다. 지금은 고전물리학과의 간극 조정이 좀처럼 이루어질 것 같지 않지만 모든 법칙은 본디 경험적이고 전대의 약속도 뭣도 아니라는 사실을 떠올리면 양자가설이 법칙으로 확립되지 못할 것도 없다. 만일 양자가설이 승리를 차지하고 구 물리학 사이에 다리가 놓인다면 어떨까. 기존 물리학이 죄다 결딴나지는 않겠지만 아마 그동안 사용하던 여러 개념에 적잖은 변동이 생기리라 예상된다.

최소한 물리학은 기존 경험적 사실의 요구에 맞춰 개념을 수차례 개혁하고 수선해왔다. 이들 경험적 사실이 모이는 방식은 역사와 무관하지 않다. A란 사실은 B 또는

C란 사실의 발견을 촉구하고 B와 C 가운데 어느 쪽을 먼저 발견하느냐에 따라 그다음에 오는 D와 E란 사실의 해석이 달라진다.

극단적 상상을 하나 해보면 내가 지금 말하고자 하는 바를 쉽게 설명할 수 있다. 이를테면 아주 작은 인간이 물질 분자 속으로 들어가 원자 내 전자 운동을 관찰하는데 시력이 분자 간 거리 외에는 미치지 않는다고 상상해보자. 그 인간의 역학이 우리 인간과 같다면 원자 현상을 비교적 용이하게 설명하겠지만, 오늘날 양자가설이 힘을 얻어가는 것을 보면 원자 간 인력과 척력이 뉴턴의 법칙이나 쿨롱의 법칙*과 동일하다고 생각하기 어렵다. 그렇다면 이 미시적 인간의 물리 법칙은 우리의 법칙과 매우 다르게 발전할 게 틀림없다.

앞서 선택이라고 했는데, 그게 반드시 인간에게 다양한 선택이 있다는 뜻은 아니다. 단지 인간이라는 특별한 존재의 편의를 기준 삼아 선택한다는 의미다. 그 점에서 현재 물리학은 확실히 인공적 조형물이며 인간의 요구와 역사가 발전 순서에 영향을 준다는 사실을 부정하지 못한다. 물리학과 감각의 관계를 끊어내자는 말은

---

* 전기력이 거리 제곱에 반비례하고 전기량의 곱에 비례한다는 법칙.

그저 하나의 관점을 드러내는 겉보기일 뿐이다. 이 단순한 말에 현혹돼 감각의 기본 의의와 효용을 잊는다면 도리어 극단적 인간중심주의 곧 자연을 멸시하는 것이라.

과학자와 예술가

과학을 이해하고 애호하는 예술가가 없지 않듯 예술을 감상하고 즐기는 과학자도 꽤 많다. 하지만 일부 예술가는 과학에 무관심하거나 때론 반감마저 품은 것처럼 보인다. 마찬가지로 과학자 중에도 예술에 냉담하거나 심지어 혐오하는 듯한 사람도 있다. 예술을 사랑하는 일이 과학자의 타락이자 수치라고 생각하는 이가 있는가 하면, 문예라는 단어에서 곧바로 부도덕을 떠올리는 결벽주의자도 드물지 않다. 과학자의 세계와 예술가의 세계는 그토록 상극인 걸까. 이것이 내 오랜 의문이다.

나쓰메 소세키 선생은 일찍이 강연에서 과학자와 예술가는 자신의 직업과 기호를 완전히 일치시킨다는 점에서 매우 닮았다고 말했다. 예술가가 때론 먹고살기 위해 일을 해야 하는 것처럼 과학자 역시 목적을 위해 자신의 기호에 반하는 일을 열심히 해야 할 때가 있다. 물론 그때조차 자신의 선천적 기호를 추구하며 어느새 일이란 사실을 잊고 무아지경에 빠지는 경우가 적지 않다. 하물며 생활이 넉넉해 일에 쫓기지 않는 예술가와 과학자가 저마다 제작과 연구에 몰두하며 느끼는 특별한 심적 상태는 별반 차이가 없으리라.

사실 이러한 점은 예술가와 과학자에만 한정되지 않는다. 타고난 사냥꾼이 사냥감을 노리는 순간 경험하는 미묘한 쾌락도, 나무꾼이 커다란 나무를 쓰러뜨릴 때 맛보는 본능적 만족도 이와 유사하다.

과학자와 예술가는 모두 제작을 생명으로 삼는다. 타인의 예술을 모방하면 자신의 예술이 아닌 것처럼 타인의 연구를 반복하면 과학자의 연구가 아니다. 양자가 다루는 대상은 비교가 안 될 만큼 다르지만, 동시에 제법 공통점이 많다. 과학자의 연구 목표는 자연현상에서 뭔가 미지의 사실을 발견하고 아직 밝혀지지 않은 새로운 견해를 찾아내려는 것이다. 예술가의 사명은 다양하겠지만, 넓은 의미에서 자연현상을 바라보는 새로운 관점과 표현 방식을 찾으려는 것은 분명하다.

또한 과학자가 새로운 사실과 마주하면 실용적 가치와는 무관하게 그 사실의 근원을 철저히 알아내려는 것처럼 순수한 예술가는 새로운 관찰이나 독창적인 견해와 조우하면 실용적 가치를 고려하지 않은 채 매우 깊은 묘사나 표현을 시도한다. 이로 인해 예로부터 수많은 과학자가 박해와 조롱을 받았듯 예술가 역시 비참한 몰락까지는 아니더라도 세간의 반감을 산 사례가 적지 않다. 과학자와 예술가가 만나 서로 속마음을 터놓고 친해질 기회가 생긴다면 필시 둘은 주저 없이 회심의 악수를 나눌 것이다. 그들이 같은 진리의 반쪽씩을 지향하기 때문이다.

세상에는 과학자가 미적 쾌락을 즐긴다는 사실을 모르는 이가 많다. 과학자에게는 과학자만이 맛볼 수 있는 미적 생활이 있다. 가령 고대 수학자가 세운 수많은 수리 체계는 정합의 미로 보면 아마 인간이 만든 모든 제작물 가운데 가장 웅장하고 화려하리라. 갖가지 물리화학 법칙은 물론 생물 현상에서 발견되는 조화롭고 보편적인 사실 역시 단순히 이성을 만족시킬 뿐만 아니라 종종 미감을 자극한다.

뉴턴이 언뜻 파악하기 어려운 천체 운동이 간단한 중력 법칙에 따라 질서 정연한 계통 아래 한데 묶인다는 사실을 깨달은 순간, 볼테르가 노래한 것처럼 신의 목소리와 함께 혼돈은 사라지고 어둠 속에 숨겨진 자연의 속내가 장막을 열고 영롱한 천계를 눈앞에 드러냈다. 포크

트는 결정물리학 첫머리에 결정의 조화미를 관현악에 비유했고, 최근 라우에와 브래그의 연구로 처음 밝혀진 결정체 분자 구조에 수많은 사람이 색다른 아름다움을 느꼈다. 이러한 미감은 장엄한 건축이나 숭고한 음악에서 전해지는 감동과 근본적으로 상당히 유사하다.

한편 예술가는 과학자와 같은 수준 혹은 그 이상으로 뛰어난 관찰력과 분석력이 반드시 필요하다. 이 사실을 예술가 대부분은 자각하지 못하겠지만, 실제로 그러하지 않으면 안 된다. 아무리 공상적이고 몽환적인 제작일지라도 그 바탕에는 예리한 관찰을 통해 복잡한 현상과 요소를 분석하는 마음가짐이 있어야 한다. 그렇지 않고서 나무 한 그루며 풀 한 포기, 한 사건이며 한 사물을 묘사하는 일은 불가능하다. 예술가의 관찰과 분석, 그로 인한 표현 방법에 따라 작품의 예술 가치가 정해지는 법이다.

어떤 이는 과학은 현실에 입각하고 예술은 상상이나 이상에 관한다고 생각하지만, 이 구별은 그다지 명백하지 않다. 넓은 의미에서 가설 없이는 과학이 성립할 수 없듯 엄밀한 의미에서 현실을 벗어난 상상은 성립할 수 없다. 과학자가 구성한 과학적 계통은 결국 인간 두뇌 속에 쌓아 올린 건축물이자 제작물로, 현실 그 자체가 아님은 철학자에게 묻지 않아도 자명하다. 예술가가 만든 작품 역시 아무리 공상적일지언정 모두 현실의 표현이자 자연법칙의 기술이어야 한다.

흔히 '상상화'라고들 하는데 자세히 파고들면 훌륭한 과학 중에도 상상화는 셀 수 없이 많다. 과학 이론에 사용되는 수단인 가설이 현실과 정확히 일치하지 않아도 무방하다면 상상화 또한 결코 가짜가 아니다. 분자 집단으로 이루어진 물체를 연속체로 여기며 미분방정식을 응용하는 일이 이상하지 않다면 색 반점을 나열해 물상을 표현하는 일도 전혀 부자연스럽지 않다.

더 나아가 과학은 객관적이고 예술은 주관적이라고 말하기도 하는데, 이 또한 간단히 구분되는 일이 아니다. 만인에게 보편적이라는 의미인 객관성이 반드시 과학 전체에 통용되지 않아서다. 과학은 진보할수록 다루는 각종 개념이 점점 인간의 오감과 동떨어진다. 따라서 일반 사람의 객관과 멀어지는 반면 과학자라는 특수한 개인의 주관에 가까워진다. 근대 이론물리학의 경향이 플랑크가 말하듯 점차 '인간 본위의 요소'를 제거하는 데 있다면 그 결과는 한편으론 매우 객관적이고 다른 한편으론 매우 주관적일 수밖에 없다. 예술계에서 입체파나 미래파가 오감이 직접 느끼는 인상에서 벗어난 개념을 표현하려는 시도와 꽤 비슷하다.

그다음, 자연과학에서는 연구 대상인 사물의 가치는 차치하고 연구 결과나 방법의 학술 가치에 남다른 기준이 존재한다. 예술을 위한 예술에서는 취급 대상의 가치보다 작품의 예술 가치가 중요하다. 후자의 가치 판단이 어려운 것처럼 전자의 가치도 엄밀히 규정하기 힘들다.

과학 법칙 및 사실 표현은 언어든 방정식이든 어떤 형태든 상관없다. 하지만 예술은 사물 그 자체보다 사물을 표현하는 방법에 중점을 둔다. 물론 이는 그리 간단하지 않다. 과학 법칙을 일본어로 쓰든 영어로 쓰든 별문제가 안 되는 이유는 법칙은 자연현상의 표현 방식이지 사실 그 자체가 아니기 때문이다. 게다가 표현해야 할 사항이 비교적 단순하기에 표현 방식이 다양하지 않을 뿐으로 오직 하나만 있지도 않다.

예술이 표현하려는 바는 묘사된 사물이 아니라 그 행위를 통해 드러나는 '어떤 것'이다. 그 '어떤 것'을 표현하는 수단은 모두 같지 않고 언어는 일정하지 않다. 굳이 말하자면 하나의 예술품은 어떤 언어로 나타낸 하나의 '사실' 표현인 셈이다.

그렇다면 식물학자가 그린 초목 사생화나 지리학

자가 그린 풍경 스케치를 예술품이라 할 수 있느냐, 그건 다른 이야기다. 사실의 표현은 반드시 예술이 아니며 표현하려는 대상이 화가와는 다르기 때문이다. 과학자의 묘사는 산천초목에 존재하는 어떤 일부 사실이지만, 예술가의 그림은 그보다 더 복잡한 '어떤 것'의 일면으로 산천초목은 그것을 표현하는 언어다. 더불어 '어떤 것'은 작가의 주관에만 존재하지 않고 타인에게도 어느 정도 보편적으로 존재해야 감상의 목적물로써 예술이 성립된다. 그렇지 않으면 비평마저 무의미해진다. '어떤 것'을 억지로 언어나 문학으로 표현하는 일은 무리겠지만, 나는 남몰래 이 '어떤 것'이 과학자가 말하는 '사실' 혹은 '법칙'과 지근거리에 있다고 믿는다.

이 문제를 탐구하려고 글을 쓰는 게 아니니 과학자와 예술가의 공통된 성향을 좀 더 열거해볼까 한다.

관찰력이 과학자와 예술가에게 꼭 필요한 것처럼 상상력 역시 그러하다. 세상에는 과학이 오로지 논리와 분석으로 쌓아 올려진다고 오해하는 사람이 종종 있는데 절대 그렇지 않다. 논리와 분석만으로는 기본 전제에 포함 안 된 다른 무언가를 얻을 수 없다. 종합하지 않으면 대다수 과학은 한 발짝도 진보하지 못한다. 얼핏 보기에 아무 관련 없는 사물과 현상 사이에서 밀접한 연관성을 찾아내어 하나의 계통으로 묶어내는 작업은 거의 다 상상력에 기대어 이루어진다.

또한 과학자에게는 직감이 필요하다. 예로부터 일류 과학자가 커다란 발견을 하고 훌륭한 이론을 세울 때는 대개 처음에 직감으로 결과를 꿰뚫어 보고 그다음 그것에 이르는 논리 과정을 짜맞췄다. 순수한 풀이에 가까운 수학조차 사실 위대한 수학자의 직감에 기반해 발전했다. 과학자의 직감은 이른바 예술가의 영감과 비슷하며 이와 관련된 일화도 적지 않다.

오랫동안 고찰해도 도무지 분석되지 않던 문제가 우연한 기회에 번개처럼 한순간에 궁극을 드러낸다. 그렇게 일단 목표를 파악하고 나서 누구나 인정할 만한 논리적 혹은 실험적 경로를 개척한다. 때론 직감으로 알아차린 결과가 오류인 경우도 있지만, 어쨌든 이때 과학자의 감흥은 예술가가 신이 내린 영감을 얻었을 때와 일맥상통한다. 어떤 과학자는 직감을 느끼고 몹시 흥분한 나머지 마음이 가라앉기까지 한동안 펜조차 들 수 없었다지 않은가. 아르키메데스가 벌거벗은 채 목욕탕에서 뛰쳐나온 일화는 너무나 유명하다.

예술가가 영감으로 얻은 감상을 표현하려고 사용하는 색채, 필촉, 화성, 선율, 각색, 사건은 예술가의 논리적 분석이나 다름없다. 그런 의미에서 과학자가 직감으로 얻은 계시를 확립하려는 논리적 분석은 과학자의 기교인 셈이다.

그런데 과학자에게 이러한 직감으로 빚어진 걸작은 쉬이 오지 않기에 진심을 다해 꾸준히 노력해야 한다. 항상 자연과 접촉하며 사실을 세밀히 관찰하고 보통 사람은 그냥 지나치는 미묘한 현상에 주의를 기울여 먼저 올바른 스케치를 해야 한다. 이렇게 얼핏 하찮아 보이는 사물과 현상에 몰두하는 동안 갑자기 엄청난 생각이 번뜩 떠오르리라.

과학자 가운데 개별 스케치를 충실히 만드는 일만이 본분이라 여기고 종합적 사고를 죄다 투기라며 배척하는 사람, 반대로 자잘한 스케치를 무가치하다며 경멸하는 사람이 있을지 모른다. 하지만 과학의 본래 목적이 지식의 체계화 또는 사고의 효율화라면 우선 올바른 스케치를 한데 모으고 그걸 바탕으로 거대한 제작에 들어가 완벽한 계통을 세우는 방식이 가장 이상적이다. 이는 예술도 마찬가지라고 생각한다.

어느 철학자가 쓴 책에 소설이나 희곡은 윤리 실험과 같다는 구절이 나온다. 실제로 이론물리학에서 자주 사용하는 이른바 사고실험은 어떤 의미로는 완전히 물리학적 소설이다. 지금껏 누구도 실험하지 않은, 앞으로 실현될지 어떨지 모를 추상적 조건하에서 일어나는 현상 추이를 기존 법칙으로 추정해서 또 다른 법칙에 도달하는 과정은 어쩌면 소설 이상으로 가공적이다. 다만 소설은 법칙이 몹시 복잡한 탓에 연역 결과가 단일하지 않고 해답이 복수인 반면 과학은 해답이 오직 하나라는 점에서 뚜렷한 차이가 난다. 어쨌든 소설가가 가상 인물을 만들어 그들 사이에서 벌어지는 사건의 발전 추이를 각색하는 마음 작용과 과학자가 물질과 에너지를 추상해 거기서 발생하는 현상의 과정을 연역하는 마음 작용은 매우 비슷하다. 그런 점에서 과학자는 소설가를 향해 거짓말쟁이라고 비난할 권리가 없다. 소설이나 희곡에 현실과 동떨어진 신비와 몽환이 들어 있긴 해도 문학 작품으로 성립하려면 독자의 마음속에 자연스레 존재하는 어떤 법칙을 무시하지 않아야 한다. 이를 무시한 작품은 미치광이 문학으로 간주된다.

  예술가와 과학자는 각각 예술과 과학에 대한 애착이 너무 강한 나머지 종종 비슷한 약점을 공유한다. 그 하나가 바로 편협이다. 극히 드문 비열한 물질적 이해에서 비롯되는 편협은 차치하고 많은 과학자와 예술가가 타인을 받아들이는 도량이 부족해 서로 혐오하며 배척하는 병을 앓는다. 이 또한 양자의 심리에 공통점이 있음을 보여주는 일례다. 결국 편협과 질투가 집착의 한 단면이라면 예술과 과학에 대한 사랑이 얼마나 사람 마음속 깊숙이 파고드는지 알 수 있다.

얼핏 적어도 과학자는 학문 특성상 더없이 박애적이고 공평할 듯한데, 역설적이게도 실상은 반드시 그렇지는 않다. 하지만 곰곰이 생각해보면 과학자와 예술가 모두 본디 이기주의자 소질을 갖추고 있어야 한다. 뭔가 아쉽긴 해도 억누를 수 없는 자연현상일지 모른다. 한편으론 양자가 이 약점을 왕왕 드러냄으로써 생기는 결과의 득과 실을 따질 겨를조차 없다는 점이, 그 둘이 공통으로 지닌 진지한 열정을 증명하지 싶다.

과학자와 예술가가 서로 다른 세계에서 일하며 무관심하건 반목하건 그리 큰일은 아니다. 과학과 예술이 저마다 발전하는 데 적극적 장애가 되지 않는다. 그러나 두 세계를 벗어나 제삼자의 입장에서 보면 두 계급이야말로 뜻밖에 가까운 친척 사이처럼 느껴진다.

앎과 의심

물리학은 다른 과학과 마찬가지로 앎의 학문이면서 의심의 학문이다. 의심하기에 알고, 알기에 의심한다. 깜깜한 밤에 촛불을 들고 한 걸음 내디디면 밝음도 한 걸음 나아가지만 어둠도 한 걸음 나아간다. 다만 어둠은 무한하고 밝음은 유한하다. 어둠은 일체고 밝음은 미분이다. 비관하는 사람은 여기에 이르러 자포자기한다. 미분을 알고 일체를 모른다면 안다는 게 무슨 소용이냐며 학문을 비웃고 학자를 욕한다.

    인간은 하나의 미분이다. 인간 지혜가 도달할 수 있는 미분은 무한대다. 행성 한 덩어리가 우주 속 미분자인 것처럼 인간은 그 행성 위 한낱 미분자다. 이는 크기만을 다룬 표현인데, 지식의 차원은 이 수준에 머물지 않는다. 공간적으로 무한한 동시에 시간적으로 무한하다. 시공간으로 짜인 민코프스키 세계는 이 이상 더는 손이 닿지 않는다는 한계가 없다.

　　의심은 앎의 토대다. 잘 의심하는 자는 잘 아는 자다. 태평양 외딴섬에 사는 추장이 도쿄를 방문해 철도마차를 끄는 말을 보고 놀라 "저건 사람을 잡아먹는 동물인가?"라고 물으면 웃음을 터뜨리지 않을 사람은 없다. 웃는 사람은 말이란 이름을 알고 어떻게 쓰이는지 알고 말의 성질과 생김새를 알지만 정작 말 자체를 제대로 알기 어렵다. 말을 알고자 하는 자는 먼저 말을 보고 깜짝 놀란 다음 몹시 이상히 여기며 그다음 매우 의심하는 법이다.

　　사원 천장에 걸린 커다란 등이 흔들리는 모습을 보고 놀라며 의아해한 소년이 이탈리아 피사에 있었기에 진자의 법칙이 세상에 나왔다. 사과가 떨어지는 모습을 이상하게 여긴 사람이 있었기에 만유인력의 법칙이 탄생해 우주 만물을 하나의 실로 연결했다고 사람들은 흔히 말한다.

　　기초 원리와 원칙을 밝혀내는 위대한 과학자는 언제나 가장 무지하고 가장 어리석은 사람이기 마련이다. 학교 교과서를 곧이곧대로 받아들이고 선인들 연구를 남이 쓴 책을 통해 익히며 아무 의심 없이 지식을 쌓아 박학다식해진 자는 이토록 훌륭한 업적을 완수하지 못한다.

　　크게 놀라고 많이 의심하는 무지한 자나 어리석은

자가 되려면 넓게 알고 깊이 배워야 한다. 앞서 말한 갈릴레오나 뉴턴이 법칙을 발견한 일화는 사실 신빙성이 떨어지는 속설에 지나지 않는다. 다만 위대한 발견을 하기 위해서는 비범한 자세와 소양이 필요함은 두말할 나위가 없다. 르베리에가 해왕성을 발견한 계기도 천왕성 운동을 자세히 관찰하다가 설명하기 어려운 미세한 불규칙성을 이상하게 여겼기 때문이다. 최근 물리학 근간을 뒤집는 흐름을 낳은 이른바 상대성원리 역시 전자 운동을 둘러싼 실험 사실이 밝혀지지 않았다면 아마 지금처럼 진전을 이루지 못했으리라.

앎에는 여러 층위가 존재한다. 지구상 물체가 땅을 향해 떨어진다는 사실은 어린아이도 안다. 이 또한 '앎'이다. 공기 저항을 없애면 물체는 대체로 1초당 9.8미터 가속도로 낙하한다는 사실은 중등교육을 받은 자라면 물리 교과서에서 한 번쯤 배운다. 그러나 이처럼 단순한 법칙의 의미를 정말로 이해하고 언제든지 응용하는 수준까지 익힌 사람은 극히 드물다. 나아가 이 법칙을 실제로 응용할 때 공기 저항이 어느 정도 영향을 미치는지 아는 사람은 더욱 적다. 하물며 손수 기계를 다뤄 실험해 자연 본연에서 확실한 지식을 얻으려는 사람은 더더욱 희귀하다.

예로부터 일본 화가는 선인의 화풍을 추종하는 데

그쳤다. 기존과 다른 시도에 나서는 샛별 같은 화가는 손가락으로 헤아릴 정도였다. 그들 대부분은 알면서도 의심하지 않는 자였다고 해도 과언이 아니다. 의심하고 고찰하며 자연 속에서 직접 스승을 찾은 사람이야말로 비로소 완전히 새로운 세계를 개척한다.

독서는 물론 매우 필요하지만, 단 하나를 읽고 열을 의심하며 백을 생각하는 태도가 무엇보다 중요하다. 인간의 지식을 한 걸음 진전시키려는 자는 현재 지식의 경계선까지 나아가야 마땅하다. 이미 경계선에 서서 경계 밖 자연을 포착하려는 자는 공연히 눈을 가린 채 망상만 해서는 안 된다. 눈을 크게 뜨고 자연 본모습을 응시해야 한다. 자연을 손에 들고 이리저리 돌리며 살펴봐야 한다. 그리고 여러모로 의심해야 한다. 이때 주의할 점은 색안경을 끼고 보지 않는 일이다. 자신이 색안경을 썼는지 아닌지 확인하려면 다른 방향에서 익히 알고 있는 자연을 되짚어보고 의심하는 과정을 거쳐야 한다.

의심하지 않는 사람이 너무나 많다. 지극히 앎이 모자란 자이자 무지한 자다. 비 내리는 날은 날씨가 나쁘다, 사실이다. 비가 와도 날씨 좋은 날이 있다는 상황을 아는 사람이 적기 때문이다. 1에 1을 더하면 2가 된다, 당연하다. 그런데 1 더하기 1이 2가 되지 않는 경우도 있음을 아는 사람은 흔치 않다.

한 노인에게 액체공기* 이야기를 들려주자 노인 왈, "공기가 물이 되는 현상은 전혀 신기한 일이 아니네. 한여름, 컵에 차가운 물을 담아두면 컵 표면에 물방울이 맺히는 것이 바로 그거 아닌가?"

의심하는 사람은 대개 두 종류다. 하나는 선인의 지식을 끝까지 파고들어 그 결론마저 의심하며 인간 지혜를 극한까지 세세하게 연구하는 사람이다. 또 하나는 누구도 의심하지 않는 점을 의심하며 지식 세계에 한 획을 긋는 사람이다. 둘 다 겸비한 자는 매우 드물다. 이를 갖춘 사람이어야 비로소 '석학'이란 칭호를 받을 만하다.

---

* 극저온에서 액화한 공기로, 매우 차가워 직접 닿으면 심각한 동상을 입는다.

도깨비불 하나

올여름, 나가노현에 있는 온천 여관 별채에 묵던 어느 밤의 일이다. 연못을 낀 본관 앞 광장에서 봉오도리* 행사가 열렸다. 한창 춤판이 펼쳐질 무렵 우리 집 두 아이가 베란다에 놓인 등의자에 걸터앉아 연못 너머 정원수 사이로 춤의 원운동을 바라봤다. 베란다 천장에 달린 전등은 꺼진 채였다. 입구 양쪽 기둥에 각각 하나씩 헌등이 켜졌고 건너편 강가에 수많은 전등이 줄지어 있었다.

갑자기 스물한 살 먹은 A가 "지금 도깨비불이 날아갔어"라고 말하자 열아홉 살 먹은 B가 "나도 봤어!" 하며 그 현상의 객관적 실재성을 증명했다. 두 사람의 증언에서 서로 일치하는 점들을 종합해보면 대체로 다음과 같다.

---

* 음력 7월 15일 밤에 일본 전통 의상인 유카타를 입은 남녀가 모여 추는 민속춤.

베란다에서 연못 너머 춤마당을 똑바로 향한 채 정면에서 왼쪽으로 약 45도 방향, 위쪽으로 약 40도 올려다본 높이에서 불덩어리 하나가 수평으로 비행했다. 그 수평 경로의 시야각은 기껏해야 20도에서 30도, 회전속도는 다소 정확하진 않지만 약 0.5초 동안 20도에서 30도로 통과한 듯했다.

목격자 두 명은 서로 2미터쯤 떨어져 있었고 의자 방향도 조금 달랐다. 나는 두 사람이 앉은 위치에서 각자 목격했다는 빛의 경로 방향을 직접 검증해봤다. 이어 둘이 가리키는 방향선이 만나는 지점에 무엇이 있는지 살펴봤다. 어림잡은 곳에는 온천 목욕탕이 자리했다. 목욕탕 건물의 높은 처마 밑에는 지붕 안쪽을 띠 모양으로 두른 채광창이 뚫려 실내 전등 불빛이 환하게 비쳤다. 그 불빛이 가늘고 긴 수평 띠를 이루며 공중에 걸려 있었다. 아무래도 도깨비불 경로와 거의 일치하는 것 같았다.

그런데 점점 더 물어볼수록 두 사람의 증언에서 한 가지 중대한 모순이 있음을 찾아냈다. 오른쪽에 앉았던 A는 불덩어리가 왼쪽에서 오른쪽으로 움직였다고 말하는 반면 왼쪽에 앉았던 B는 정반대로 오른쪽에서 왼쪽으로 움직였다고 설명했다. 두 주장이 모두 참이라면 도깨비불 현상이 절반은 객관적 즉 물리적 광학이고 절반은 주관적 즉 생리적 착각이라는 결론이 나온다. 이 점이야말로 문제를 푸는 데 중요한 단서를 제공한다.

나는 수년 전 고압 방전에 따른 불꽃 실험을 하던 중 생리적 광학 현상을 발견했고, 그 작은 연구 결과를 이 화학연구소 학회지에 보고했다.

수 센티미터짜리 긴 불꽃을 카메라 렌즈로 확대해 불투명 유리판에 비추고 그 화상을 짙은 청색 필터에 투과시켜 어둠에 익숙해진 눈으로 주시하면 이따금 빛이 불꽃 경로를 따라 한쪽에서 다른 한쪽으로 흘러가는 것처럼 보인다. 하지만 불꽃방전은 100만 분의 1초라는 극히 짧은 시간에 끝난다는 사실이 실험으로 확인된바, 맨눈으로는 불꽃의 전파를 도저히 인식하지 못한다. 그런데도 불꽃이 이동하는 것처럼 '보인다'면 전적으로 눈 가장 안쪽 망막의 고유한 생리 효과 곧 일종의 착각이라고밖에 생각할 수 없다. 게다가 착시 현상은 어둠에 익숙해진 눈에 약한 빛의 띠가 비칠 때 더 뚜렷하게 나타난다.

이 사실과 두 사람이 목격했다는 도깨비불 현상이 뭔가 관련 있는 듯했다.

한 가지 가설은 목욕탕 처마 밑 채광창 불빛이 잠시 꺼졌다가 일제히 확 밝아지자 그 빛의 띠가 어둠에 익숙해진 사람 곁눈에는 한쪽에서 다른 한쪽으로 이동하는 불꽃처럼 보인 게 아닐까. 고압 방전 시 불꽃 실험에서도 똑바로 바라봤을 때보다 오히려 약간 곁눈으로 바라봤을 때 가상운동이 두드러졌다. 또 이동 방향은 눈 위치에 따라 반대가 되기도 했는데, 어떤 경우에 어느 방향으로 움직이는지 아직 조사가 충분히 이루어지지 않았다.

어쨌든 거의 동시에 빛나는 빛의 띠가 조건에 따라 오른쪽에서 왼쪽으로 혹은 왼쪽에서 오른쪽으로 움직이는 듯 보일 수 있다. 이 사실이 도깨비불 문제에 대한 하나의 유력한 실마리인 셈이다. 다만 불꽃은 빛의 띠가 나타나자마자 곧 사라지는 반면 이번에는 점화한 채로 사라지지 않았으니 사정이 조금 다르다. 후자에서도 같은 착시가 일어나는지 여부는 따로 실험이 필요하다. 이 역시 하나의 가능성을 암시할 뿐 실제로는 어떨지 모른다.

또 다른 가설도 존재한다. 목욕탕보다 조금 더 왼쪽 상단인 언덕 위에 임대 별장이 있는데, 만약 창을 활짝 열어둔 방에 갑자기 전등이 켜진다면 그 순간 이쪽 베란다에서는 간혹 한 줄기 빛의 띠가 유한한 속도로 옆으로 흘러가는 것처럼 보인다. 이는 속눈썹 때문이거나 사람의 광학계인 눈에 이상이 생겨 시야가 흐려진 탓에 발생한다. 어쩌면 그게 바로 '도깨비불'의 정체가 아닐까. 하지만 이 가설대로라면 보통은 빛줄기가 부챗살 모양으로 퍼져

나갈 뿐 불덩어리처럼 보일 리 없다.

그렇다고 목욕탕 전등이 잠시 꺼졌다가 켜졌다는 단순한 상상을 실증할 것도 아니기에 결국 도깨비불 현상은 '무엇인지 알 수 없다'는 결론에 다다랐다. 물론 이 우연한 사건을 고찰하면서 드러난 실험적 연구를 정말로 실행해도 영 헛된 일은 아니다. 예컨대 암실 내 특정 지점에 피실험자를 앉히고 다양한 위치와 높이에서 다양한 길이와 너비로 다양한 강도와 색채를 지닌 빛의 띠를 보여주며 피실험자의 감각 반응을 충실히 기록해보면 뜻밖에 재미있는 결과가 나올지도 모른다.

이즈반도에 지진이 났을 때 각지에서 목격된 '지진광' 사례만 봐도 빛이 한쪽에서 다른 한쪽으로 흘러갔다는 기록이 상당히 많다. 이런 발광 현상 역시 앞서 말한 생리적 효과다. 실제로는 순간적으로 나타난 빛의 띠를 착각해 그리 느낀 게 아닌지 의심된다. 아무튼 여러 현상이 있는 만큼 생리광학에 흥미를 가진 생리학자 가운데 누군가 이 문제를 주제 삼아 착실히 연구한다면 무척 고마울 따름이라, 일부러 신문 지면을 빌려 꿈같은 내 의견을 풀어본다. 이 글은 학술 논문도 뭣도 아닌 한낱 수필에 불과하지만, 번듯한 논문을 쓸 만한 씨앗을 주워 잘 길러 꽃을 피우는 데는 아무런 지장이 없을 거다.

그건 그렇고 내가 어릴 적에는 도깨비불이며 불덩어리를 매우 경외했건만, 요즘 아이들은 하찮게 여기며 전혀 무서워하지 않는다. 뭔가를 두려워하지 않는 아이들이 조금 딱하기도 하다. 무서운 것이 많은 사람일수록 행복하며 무서운 것이 없는 세상은 쓸쓸하다고 생각하기 때문이다.

도롱이벌레와 거미

2층 툇마루 유리문 바로 앞에 커다란 단풍나무가 하늘 가득 가지를 뻗었다. 나뭇가지에는 도롱이벌레가 잔뜩 매달려 있다.

지난여름 내내 도롱이벌레는 맹렬히 활동했다. 언제나 점심때쯤 집에서 기어 나와 잔가지 끝에 돋아난 푸른 잎을 끌어당겨 먹어댔다. 작은 몸에 비해 식욕이 왕성한 그들은 잔가지를 몽땅 빡빡머리로 만들기 전까지 만족하지 않았다. 단풍이 곱게 물들 무렵에야 활동을 멈추는 듯했다. 아무튼지 나는 날마다 달라지는 나뭇잎 빛깔에 정신이 팔려 한동안 도롱이벌레의 존재 따위는 잊고 지냈다.

하지만 단풍이 바짝 말라 오그라들다가 이윽고 다 떨어지자 벌거벗은 나뭇가지 끝에 축 늘어진 수많은 도롱이벌레가 갑자기 눈에 띄었다. 큰 녀석, 작은 녀석, 긴 잔가지를 지팡이처럼 든 녀석, 마른 잎 한 장을 어깨에 걸친 녀석 등등 가지각색 도롱이벌레가 밝은 하늘을 배경으로 거무스름하게 떠올랐다. 너석들은 하루하루 바람을 따라 흔들렸다.

가냘픈 실 한 올에 매달린 것 같지만, 어떠한 초겨울 찬바람에도 절대 떨어지지 않을 만큼 단단히 붙어 있었다. 툇마루에서 빗자루 끝으로 툭 쳐서 떨어뜨려 볼까 했는데 그 정도로는 끄떡도 하지 않았다.

나는 겨우내 죽었는지 살았는지 모르겠는 벌레 껍질이 주렁주렁 달린 모습을 바라보며 지냈다. 때때로 내 생활이 왠지 도롱이벌레와 꽤 닮았다는 생각이 들었다.

봄이 찾아왔다. 이제껏 잿빛이며 흙빛을 띠던 모든 갈잎나무 가지에 어느새 살짝 붉은 기가 돌았다. 코앞에 있는 예의 단풍나무 잔가지 끝에도 잎눈이 하나둘 부풀어 오르더니 마치 석류석처럼 광택이 나면서 빛나기 시작했다. 머지않아 잎눈이 새잎으로 자랄 날을 기다리는 동안, 그 전에 도롱이벌레를 죄다 없애야겠다고 마음먹었다.

우선 안 될 줄 알면서도 시험 삼아 기다란 바지랑대를 가져와 두드리거나 쳐서 떨어뜨리려고 해봤다. 예상대로 효과가 없었다. 때릴 때마다 방추형 주머니는 프

로펠러처럼 공중에서 원을 그리며 빙빙 돌 뿐이었다. 자칫하면 잔가지를 부러뜨리고 새싹에 상처를 입힐 우려가 있었다. 그다음에는 작은 가위를 꺼내서 장대 끝에 묶었다. 가위는 몇 년 전에 유행하던 십여 가지 사용법을 갖춘 서양 가위였다. 이제 나는 그 십여 가지 외에 또 다른 사용법을 찾아보려는 참이다. 가위를 발명한 사람도 설마 도롱이벌레를 잡는 데 쓰일 줄은 상상조차 못 했으리라. 가윗날을 반쯤 벌린 상태로 장대 끝에 동여맸는데, 표면이 매끄러운 대나무와 니켈 도금한 가위다리를 한데 묶는 일은 그리 쉽지 않았다.

흔들거리는 장대 끝으로 도롱이벌레를 정확히 겨냥했다. 이어 벌어진 가윗날 사이에 벌레 주머니 입구 가까운 부분을 끼워 넣고 살며시 밑에서 밀어 올리자 의외로 잘 떨어졌다. 제법 저항이 강해 가늘고 긴 장대가 활 모양으로 휘기도 했지만 다행히 나뭇가지를 다치게 하지 않고 도롱이벌레 주머니만 뜯어낼 수 있었다.

어떤 녀석은 나뭇가지를 벗어나자마자 가윗날에서 빠져 아래로 떨어졌다. 또 어떤 녀석은 가윗날 틈에 꽉 끼여 빠지지 않았다. 처음부터 재미있어하며 지켜보던 아이들이 떨어지는 것은 줍고 가윗날에 끼인 것은 빼주었다. 두 아이가 차례대로 번갈아 가며 처리했는데, 큰아이는 손으로 벌레를 만지기 싫은지 작은 모종삽으로 떠서는 빈 통조림통에 던져 넣었다. 오히려 나이 어린 딸아이는 태연하게 손가락으로 집어 필통 뚜껑 위에 나란히 늘어놓았다.

단풍나무에 매달린 녀석들은 거의 다 떼어 내고 다른 나무들을 뒤지러 다녔다. 결국 세어보니 크고 작은 녀석을 모두 합쳐 마흔아홉 마리였다. 빈 통조림통 하나와 필통 하나가 가득 찼다. 잡은 녀석들을 일단 정원 잔디밭 위에 쏟아붓고 쭉 펼쳤다.

도롱이벌레 주머니는 하나하나 저마다 개성이 넘쳤다. 대다수가 비교적 크고 긴 마른 나뭇가지 조각을 붙였지만, 개중에 흔한 나뭇가지 조각 말고 감물 먹인 종이 같은 껍질로 이루어진 녀석이 눈에 띄었다. 금작화 꼬투리를 솜씨 좋게 이어 붙인 녀석도 있었는데, 도롱이벌레가 꼬투리를 물고 느릿느릿 기어가는 우스꽝스러운 모습이 저절로 상상됐다.

유난히 큼지막한 녀석을 골라 주머니를 찢어 도롱이벌레가 어쩌고 있는지 보고 싶었다. 장대에서 가위를 풀어 안에 든 벌레가 다치지 않도록 조심하면서 양쪽 끝부터 잘라 나갔다. 주머니의 섬유는 제법 억세고 질겼다. 무딘 가윗날이 잘 들지 않아 자꾸 미끄러졌다. 가까스로

꺼낸 도롱이벌레는 꽤 컸다.

자줏빛을 띤 검은색 거죽이 터질 것처럼 불룩했고 탐욕스러워 보이는 큰 주둥이는 갈색으로 빛났다. 어두운 주머니 속에 살다가 별안간 강렬한 봄볕을 쬔 벌레 몸에 어떤 변화가 일어나고 있을까. 인간은 상상하기조차 어려운 일이다. 마치 술에 취하기라도 한 듯 혹은 아직 긴 잠에서 깨지 못한 듯 나른하게 발 여덟 쌍을 꼼지락거렸다. 잔디밭 위에 내려놓고 원래 보금자리인 빈 주머니를 머리 쪽으로 들이밀어도 벌써 잊어버렸는지 기어 들어갈 힘이 없는지 자리에서 조금도 움직이지 않았다.

하나를 더 갈랐더니 몸통 아랫부분이 바싹 말라 죽은 상태였다. 누에에게 생기는 병균이 도롱이벌레 세계에도 파고들어 자연의 제재를 실행하는구나, 생각했다. 하지만 도롱이벌레에게 가장 무서운 적은 따로 있었다.

주머니를 여러 개 손으로 집어 자세히 살펴보자 속이 텅 빈, 벌레가 없는 것이 상당히 높은 비율을 차지한다는 사실을 알았다. 또 벌레가 없는 주머니만 꼼꼼히 보다가 옆구리에 뚫린 지름 1밀리미터 남짓한 작은 구멍을 발견했다. 이상하다고 여기며 가위로 빈 주머니 하나를 자르는데 안에서 난데없이 작은 거미 한 마리가 튀어나와 화닥닥 어디론가 도망갔다. 얼핏 봤을 뿐이지만 연자

줏빛이 감도는 귀여운 작은 거미였다.

예기치 못한 빈집 거주자를 보자마자 내 머릿속에 끔찍한 생각 하나가 번개처럼 스쳤다. 서둘러 주머니를 옆으로 갈라 열었다. 과연 바닥에 다 부스러진 도롱이벌레 유해가 몇 조각 보였다. 그 통통한 벌레는 작은 거미에게 물기란 물기는 모조리 빨리고 먹힌 채 한 자밤 만큼의 재밖에 남아 있지 않았다. 오직 단단한 갈색 주둥이만이 그대로 형태를 유지했다. 어딘가 투구 정수리 같기도 하고 무덤 구덩이 바닥에서 썩다 만 잿빛 갑옷 부스러기 같기도 했다.

아마 무서운 적인 거미는 도롱이벌레가 난공불락이라 믿은 외곽 성벽을 살금살금 기어 올라갔을 게 틀림없다. 그러고는 아주 작은 약점을 찾아내어 날카로운 독니를 세차게 꽂아대고 마침내 벽이 부서지는 순간 곧바로 도롱이벌레 옆구리에 한 방울의 독액을 주입했으리라.

사람으로 치면 내년 여름 신록을 꿈꾸며 한창 안락한 잠에 빠져 있는 동안 갑자기 늑대가 나타나 이빨로 옆구리를 물어뜯은 셈이다. 거미의 공격을 물리치는 데 도롱이벌레 발은 전혀 쓸모가 없다. 유일한 무기인 주둥이를 쓰려 해도 좁아터진 제집은 몸통을 구부리는 일을 허락하지 않는다. 마지막 고통을 느끼며 몸부림칠 여유도 없다. 생물 사이에서 벌어지는 살육 가운데 가장 잔혹한 경우가 아닐까. 완벽한 무저항 상태에서, 게다가 고통을 표현하는 행위조차 허락받지 못한 채 난도질 당해 죽는다.

도롱이벌레의 비대한 몸뚱이는 그 10분의 1도 안되는 작은 거미의 배 속으로 사라져버렸다. 남은 것이라곤 고작 외피 부스러기와, 여전히 작은 거미 한 마리의 '생명'이다. 그걸 차감한 나머지 '물질'이 어떻게 됐는지는 알 수 없다.

도롱이벌레가 번식하는 곳에는 자연스레 거미가 번식해 자연의 조절이 행해지기 마련이다. 도롱이벌레를 모두 제거하지 않으면 조만간 단풍잎이 죄다 갉아 먹히지 않을까, 하는 내 생각은 어리석기 그지없는 인간의 자부심이었다. 오히려 그대로 잠시 내버려두고 자연의 기교를 팔짱 끼고 지켜보는 편이 좋았지 싶다. 도롱이벌레가 꼼짝 못 하는 작은 거미에게도 강력한 적이 있을 게 분명하다.『곤충의 생활』이란 책에서 땅벌이 거미를 공격해 가슴에 독침을 정확히 쏘아 마비시킨 다음 옆구리에 알을 하나 슬어 놓고 간다는 글을 본 적 있다. 며칠 후 알에서 나온 애벌레는 당장 먹을 수 있도록 어미가 차려놓은 맛 좋은 요리를 게걸스레 먹으며 성장한다. 배부르게 다

먹고 잠이 들면 애벌레의 단순한 몸에 복잡한 변화가 일어나고 다음번에 눈을 떴을 땐 어엿한 땅벌이 된다.

한 거미가 한 나방의 유충인 도롱이벌레 가슴에 달라붙어 빨아 먹는다. 도롱이벌레와 비슷하게 생긴 땅벌 유충이 다른 거미의 배를 핥아 먹는다. 이런 투쟁과 살육의 세계가 아름다운 꽃밭과 나무숲 사이에서 펼쳐진다. 인간이 국제연맹의 꿈을 꾸는 동안에 말이다.

어떤 학자의 가설에 따르면 동물계는 진화하는 과정에서 두 파로 나뉘었다. 한쪽은 외부에 단단한 키틴질을 두른 곤충이 됐고 그중 가장 진보한 생물이 벌과 개미다. 다른 한쪽은 몸통 중심에 단단한 척추가 생겼다. 그 가운데 가장 발달한 것이 인간이다. 나는 이 설이 얼마나 사실에 가까운지 알지 못한다. 다만 어떻든 곤충의 세계에서 벌어지는 투쟁 정신이 모든 척추동물에게 전해졌을 테니, 그 마지막 단계인 인간에 이르러 과연 어떻게 발전했을지 사뭇 궁금하다. 내가 보기에 우리 선조가 도롱이벌레나 거미의 선조와 같은 수준이더라도 이상하지 않다.

나는 마흔아홉 개의 방추형 주머니를 어찌 처리할지 난감했다. 결국 꽃밭 구석에 구덩이를 깊이 파고 묻어버렸다. 개중 몇 퍼센트에는 분명 거미가 들어 있었을 테다. 이리하여 내 정원에서 쓰인 도롱이벌레와 거미의 역사는 일단락됐다. 하지만 그 역사가 완전히 끝났다고는 생각지 않는다. 적잖은 흥미와 기대를 안고 올여름을 기다리는 중이다.

쓰나미와 인간

1933년 3월 3일 이른 아침, 일본 동북부 태평양 연안에 쓰나미가 들이닥쳐 주변 소도시와 마을을 닥치는 대로 쓰러뜨리고 휩쓸어 수많은 인명과 막대한 재산을 앗아갔다. 1896년 6월 15일 같은 지역에서 발생한 이른바 '산리쿠 쓰나미'와 거의 비슷한 자연현상이 37년 뒤 다시 반복된 셈이다.

쓰나미는 역사에 남은 기록만 보더라도 과거 수없이 되풀이됐다. 역사에 기록되지 않은 것은 아마 그보다 훨씬 많으리라. 현재 지진학에서 판단하는 한, 쓰나미는 앞으로도 몇 번이고 되풀이될 예정이다.

이처럼 자주 일어나는 자연현상이라면 해당 지역 주민은 오랜 옛날부터 뭔가 적당한 대책을 세워 재해를 미연에 방지했어야 마땅한데, 실제로는 좀처럼 그렇게 안 되는 것이 인간계의 '자연현상'인 듯하다.

학자들은 보통 이렇게 말한다. "이 지방에 수년 혹은 수십 년마다 쓰나미가 발생하는 것은 이미 정해진 사실이다. 그런데도 전혀 대비하지 않는다. 또 강한 지진 후에는 해일이 닥칠 우려가 있다는 알기 쉬운 이치조차 모른 채 멍하니 지내니 애초 부주의하기 그지없다."

반면 이재민들은 다음과 같이 주장한다. "그토록 잘 알면서 왜 쓰나미가 오기 전에 때맞춰 경고해주지 않는가. 정확한 날짜에 예보할 수 없다면 이제 슬슬 위험하다고 보이는 시기에라도 미리 알려주면 좋지 않은가. 지금껏 가만히 있다가 재해를 당하고 나서야 말을 꺼내다니 너무하다."

그러면 학자들은 "이미 10년, 아니 20년 전부터 경고했음에도 주의하지 않아 그렇다"라며 항변한다. 이재민들은 "20년이나 지난 일 따위를 먹고살기도 힘든 이 세상에서 어떻게 기억하겠는가?"라고 되묻는다. 양쪽 모두 일리가 있다. 요컨대 이것이 인간계의 '현상'이다.

재해가 일어나면 곧바로 정부 관료, 신문기자, 학자 등 각 분야 전문가가 달려가 상세히 조사를 진행한다. 이어 치밀한 쓰나미 예방책을 마련해 발표하고 실행을 장려한다.

자, 그로부터 37년이 지났다고 하자. 먼젓번 쓰나

미를 조사한 정부 관료, 학자, 신문기자는 대부분 고인이 됐거나 사회에서 은퇴한 지 오래다. 재해 당시 한창 활동하던 해당 지역 주민들 역시 비슷한 처지일 게 뻔하다. 대신 그때 아직 어리고 철없던 사람들이 어엿한 중견 인사가 되어 있다. 37년 하면 그리 길게 느껴지지 않지만 날짜로 따지면 13,505일이다. 그 사이 아침 해와 저녁 해가 13,505번씩 평균해수면에 가까운 평화로운 해변가를 비춘다. 쓰나미를 겪고 처음에는 무서워 높은 곳으로 옮겨졌던 집은 5년, 10년, 15년, 20년이 지나는 동안 예전처럼 조금씩 낮은 곳을 찾아 이동한다. 그리하여 만 수천 일이 저물고 드디어 운명의 마지막 날이 슬그머니 다가온다. 총소리에 놀라 멀찍이 날아갔던 괭이갈매기가 어느새 다시 보금자리로 돌아오는 것과 본질적으로 별반 다르지 않다.

사실 2년이나 3년 혹은 5년에 한 번꼴로 반드시 십수 미터의 높은 파도가 덮친다면 쓰나미는 더 이상 천재도 지변도 아니다.

눈바람을 모르는 나라가 있다고 치자. 이제껏 한 번도 연중 기온이 섭씨 25도를 밑돈 적이 없다. 그 나라에 100년에 한 번꼴로 작은 눈보라가 친다면 어떻게 될까. 아마 쓰나미 못지않은 매우 심각한 자연재해를 입으리라. 바람이 없는 나라의 가옥은 대개 약한 바람에도 날아갈 만큼 약하게 지어졌을 테고, 월동 준비를 하지 않는 나라의 사람은 눈이 내리면 얼어 죽기 십상이다. 이토록 극단적 가정이 아니더라도 태풍이 30년이나 50년 즉 일본 가옥의 보존 기한과 비슷한 햇수로 불어온다면 그 결과는 마찬가지다.

밤은 24시간마다 반복되기에 좋다. 만약 50년에 한 번씩, 그것도 비정기적으로 어느 날 돌연 밤이 찾아온다면 어떠한 일이 벌어지겠는가. 필시 이루 말할 수 없는 혼란이 발생해 인명과 재산에 엄청난 손실을 가져올 게 틀림없다.

어쨌든 개인이 미덥지 못하다면 정부가 법령으로 영구 대책을 세울 수는 없을까. 문제는 국가는 영속해도 정부 관료는 100년 후에는 반드시 교체된다. 관료가 바뀌는 사이 간혹 법령도 바뀔 우려가 있다. 그 법령이 평온한 만 수천 일간 생활에 큰 불편을 준다면 더욱 그러하다. 정당내각이 이루어지는 세상에서는 더욱 그러하다.

재해 기념비를 세워 영원토록 경고하면 어떻겠냐는 주장도 나온다. 하지만 처음에는 사람들 눈에 잘 띄는 곳에 세워지더라도 도로 개수나 시구 개편 등이 실행될 적마다 이리저리 옮겨지다가 결국 어느 산기슭 대숲에

파묻히지 말란 법은 없다. 그럴 때 몇몇 노인이 옛날 사례를 요란스레 얘기한들 시의원 같은 자들은 거들떠보지도 않을 터다. 그렇게 재해 기념비가 무성한 덩굴풀로 뒤덮일 즈음 '드디어 때가 왔다'며 다음 쓰나미가 슬슬 습격을 준비한다.

옛 일본인은 대부분 자손을 조금이라도 걱정했던 모양이다. 게다가 어느 정도 앞날을 헤아릴 만한 세상이었기 때문일까. 쓰나미를 경계하는 비석을 세워두면 상당히 효과가 높았다. 과연 장차 일본에서는 어찌 될지 몹시 불안하다. 2천 년 동안 전해 내려온 일본인의 정신조차 부숴 오랑캐의 개에게 먹이로 던지려는 이가 적지 않은 세상이다. 한 세대 전 남긴 당부 따위를 기꺼이 받아들일 사람은 없을 듯하다.

공교롭게도 '자연'은 과거 습관에 충실하다. 지진과 쓰나미는 신사상이 유행하든 말든 상관없이 항상 완고하고 집요하게 찾아온다. 기원전 20세기에 일어났던 일이 기원후 20세기에 완전히 똑같이 벌어진다. 과학 법칙이란 필경 '자연의 기억이 쓴 비망록'이다. 자연만큼 전통에 충실한 것은 없다.

그 까닭으로 20세기 문명이라는 공허한 이름만 믿고 안세이 경험*을 무시한 도쿄는 1923년에 지진으로 잿더미가 됐다.

    이런 재해를 막으려면 인간의 수명을 10배 또는 100배로 늘리거나 지진과 쓰나미의 주기를 10분의 1 또는 100분의 1로 줄여야 한다. 그러면 재해는 더 이상 재해가 아니라 닷새마다 부는 바람, 열흘마다 오는 비처럼 일상이 된다. 물론 이는 불가능하기에 유일하게 남은 방법이란, 인간이 좀 더 과거 기억을 잊지 않도록 노력하는 일이다.

    과학이 오늘날처럼 발달한 건 기초가 되는 과거 전통 위에 각 시대 경험을 정성 들여 꼼꼼히 쌓아 올린 결과다. 그렇기에 비로소 태풍이 불든 지진이 나든 끄떡없는 뛰어난 건축물이 탄생했다. 2천 년의 역사로 대표되는 경험적 기초를 무시하고 다른 데서 빌려 온 풍토에 맞지 않는 재료로 지은 판잣집 같은 새로운 철학은 충분히 따져보지 않으면 너무 위험하다. 그런데도 무심코 거기에 의지해 제 발밑 안전을 버리려는 심리가 지진과 쓰나미라는 재해를 불러온다. 아니, 오히려 지진과 쓰나미를 재해로 만드는 원동력이다.

    쓰나미가 우려되는 지역은 산리쿠 연안만으로 한

---

* 도쿄를 비롯한 간토 지방에 안세이 연호 때인 1854년 12월, 1855년 11월 두 차례 대지진이 일어났다.

정되지 않는다. 간에이시대나 안세이시대처럼 태평양 연안 각지를 덮치는 엄청난 상황이 언젠가는 다시 반복된다. 그러면 일본의 수많은 대도시가 대규모 지진 활동으로 장기짝 쓰러지듯 우르르 무너지는 '비상시'가 도래하리라. 언제인지는 잘 몰라도 오긴 온다는 것만큼은 확실하다. 지금부터 그때를 대비하는 일이 무엇보다 중요한 이유다.

이번 산리쿠 쓰나미는 일본 전 국민에게 결코 남의 일이 아니다.

실상은 일부 학자와 나 같은 염려증 인간이 아무리 애써 경고해봤자 국민도 정부 담당자도 전혀 문제시하지 않는다. 이것이 인간계의 자연법칙인 듯하다. 자연의 법칙은 인간의 힘으로는 꺾을 수 없다. 이 점에서 인간과 곤충은 똑같은 처지에 놓인다. 그래서 인간도 곤충처럼 내일의 일 따윈 걱정하지 말고 그날그날을 즐기며 지내다가 어느 날 천재지변을 당하면 깨끗이 포기하고 멸망하든지 부흥하든지 그저 우연한 운명에 맡기자는, 자포자기 철학도 가능하다.

곤충은 내일에 대한 지식을 안 갖고 있지만, 인간은 과학으로 미래에 대한 지식을 얻어낸다. 이것이 인간과 곤충이 명백하게 다른 점이다. 나는 일본 국민의 재해에 관한 과학 지식 수준을 보다 높여간다면 천재지변을 예방할 수 있으리라고 생각한다. 그 지식 수준을 높이려면 우선 보통교육으로 한층 상세히 쓰나미 지식을 알려줘야 한다. 영국, 독일, 프랑스 등 과학 선진국의 보통교육 교과서에는 그런 내용이 없다고 말하는 사람이 있을지 모른다. 그건 대지진과 대규모 쓰나미가 그 나라에서는 드물기 때문이다. 열대 지역 주민이 나체로 산다고 해서 한대 지역 주민이 그 흉내를 낼 리 없지 않은가. 일본처럼 세계적으로 유명한 지진국의 학교에서 최소한 1년에 한 시간이나 두 시간쯤 지진과 쓰나미에 관한 특별 강연을 연다고 해도 결코 이상한 일이 아니다. 지진과 쓰나미의 재해를 예방하는 일은 학교에서 가르치는 '애국'정신의 구체적 발현 방법 가운데 가장 가깝고 가장 유효한 방법이 아닐까.

덧붙여 산리쿠 재해 지역을 시찰하고 돌아온 사람한테 이야기를 들었다. 어느 지역에서 1896년 재해 기념비를 세웠는데 지금은 두 동강이 나서 쓰러진 채 나뒹굴고 있단다. 비문을 전혀 읽을 수 없다면서. 또 다른 지역에서는 재해 기념비를 눈에 잘 띄는 산속 도로 옆에 설치했지만, 나중에 새 도로가 따로 생긴 탓에 그 산속 도로는 이제 한적한 곳이 됐단다. 또 뜻밖의 말도 하나 들었다. 지진이 난 뒤 거대한 해일이 해안에 도착하기까지 보통 수십 분이 걸린다는 평범한 과학 사실을 아는 사람이 매우 드물었다는 얘기였다. 과거에 쓰나미를 겪은 사람조차 대부분 모른다고 대답했단다.

커피 철학 서설

여덟아홉 살 무렵, 의사의 지시로 처음 우유를 마셔봤다. 당시만 해도 우유는 아직 일반 대중의 기호품도 아니었고 흔하게 접하는 영양식품도 아니었다. 주로 몸이 약한 사람이 챙겨 먹는 의약품에 가까웠다. 우유나 수프는 냄새가 고약해 도저히 먹지 못할뿐더러 마시면 으레 토하거나 설사하는 구닥다리 취향을 가진 사람이 많던 시절이었다.

      그래도 '모던 멋쟁이'가 적지 않았는데, 가령 어릴 적에 다니던 반초소학교의 동급생 가운데 점심 도시락으로 늘 빵과 버터를 가져오는 꼬마 신사가 있었다. 나는 버터라는 이름조차 모른 채 그저 예쁜 문양이 새겨진 작은 유리그릇에 든 노란 밀랍 같은 괴상한 덩어리를 상아 귀이개처럼 생긴 도구로 떠서 빵에 발라 먹는 모습을, 옆자리에서 호기심 어린 눈으로 단작스럽게 지켜봤다. 한편

내 고향에서는 그 누구도 먹을거리로 여기지 않는 메뚜기 조림을 맛나게 먹어대는 도쿄 토박이 아이가 있어 또 다른 의미에서 경이로운 눈으로 바라봤다.

처음 입에 댄 우유는 역시 먹기 힘든 약 같았다. 그래서 의사는 마시기 쉽도록 매번 소량의 커피를 잊지 않고 배합해줬다. 커피 가루를 하얗게 바랜 작은 무명 주머니에 한 자밤 정도 넣어 뜨거운 우유에 담근 다음 한방 감기약처럼 다 우러나면 꽉 짜서 마셨다. 어쨌든 생애 최초로 맛본 커피 향미는 시골에서 자란 소년을 완전히 매료시켰다. 모든 이국적인 것을 동경해 마지않는 어린 마음에 남양과 서양이 섞인 향기가 미지의 극락세계로부터 먼바다를 건너온 한 줄기 훈풍처럼 느껴졌다.

얼마 지나지 않아 고향 시골 마을로 이사한 뒤에도 매일 우유 180밀리리터를 꼬박꼬박 마셨다. 다만 도쿄에서 맛보았던 커피 향미는 더 이상 경험할 수 없었다. 보통 커피당이라고 해서, 각설탕 안에 커피 분말을 한 자밤 집어넣은 제품이 사랑받던 시대였다. 그것마저 왕왕 약 냄새나 곰팡내가 나는 이상한 물질로 변질되어 있었다.

고등학교 때도 우유는 날마다 마셨지만 커피 같은 사치품은 즐기지 않았다. 대신 걸핏하면 우유에 넣으려고 담아둔 설탕 항아리에서 칫솔대 따위로 설탕을 꺼내 과자인 양 핥아 먹었다. 유독 시험 기간 전후로 설탕 소비가 많았지 싶다. 세월이 흘러 서른두 살 봄에 독일 유학을 갈 때까지 나는 커피와 별다른 관계를 맺지 않아 이렇다 할 추억이 거의 없다.

    베를린 하숙집은 놀렌도르프 광장 사거리 근처 가이스베르크 거리에 있었다. 나이 든 주인아주머니는 육군 장성의 미망인이었다. 몹시 거만한 할머니였지만 커피는 좋은 커피를 내주었다. 2층에서 매일 아침 잠옷 차림으로 창문 앞에 우뚝 솟은 가스 공장의 둥근 탑을 바라보며 하녀 헤르미나가 가져오는 뜨거운 커피를 마시고 향긋한 빵을 베어 먹었다. 흔히 베를린은 커피와 빵이 맛나다고 하는데 과연 들은 대로였다.

    오전 9시나 10시 때론 11시부터 시작하는 대학 강의를 들으러 운터덴린덴 거리까지 전차를 타고 나갔다. 오전 수업이 끝나면 보통 인근 가게에서 끼니를 때웠다. 아침 식사량이 적은 데다 독일인처럼 오전 간식을 안 먹는 나로선 느지막한 점심시간이면 너무 배고픈 나머지 과식을 하곤 했다. 그러고 나면 어김없이 무거운 졸음이 몰려왔다. 오후 4시부터 재개하는 강의까지 두세 시간 동안 하숙집에 갔다 오려고 해도 전차에서 낭비하는 시간이 대부분이었다.

결국 주변 여러 미술관을 차근차근 구경하거나 고풍스러운 옛 베를린 시가지를 찾아 일부러 좁고 더러운 골목을 헤맸다. 또는 티어가르텐 공원 나무숲을 누비거나 프리드리히 거리며 라이프치히 거리에서 쇼윈도를 들여다보며 산책을 즐겼다. 그래도 시간이 남아돌면 카페나 과자점의 대리석 테이블 앞에 앉아 신문을 읽고 밀크커피나 블랙커피를 홀짝이며 아련한 향수를 달래곤 했다.

베를린의 겨울은 그다지 춥진 않았지만 우중충하고 깨나른했다. 묘하고 답답한 잠이 짙은 안개처럼 온 도시를 에워싸 가둔 느낌이었다. 거기에 무의식 속 버릇이 되어버린 가벼운 향수가 섞여 조금 특별한 졸음이 이마를 억눌렀다. 이 졸음을 쫓아내기 위해 뭣보다 내게는 커피 한 잔이 몹시 필요했다. 오후 3시나 4시 무렵 카페는 흡혈귀처럼 화장한 여인의 분 냄새가 아직 풍기지 않았다. 너무 조용한 나머지 툭하면 쥐가 나올 정도였다. 과자점은 손님 대다수가 가정부인이라 명랑하고 활기찬 소프라노나 알토 톤으로 재잘대는 소리가 들렸다.

다른 나라를 여행하는 동안에도 커피 마시는 습관을 버리지 못했다. 스칸디나비아의 시골에서는 무섭도록 튼튼하고 두꺼워 내동댕이쳐도 깨지지 않을 찻잔과 자주 마주쳤다. 그때 찻잔 테두리 두께에 따라 커피 맛이 달라진다는 흥미로운 사실을 경험했다. 러시아인이 발음하는 '코페'가 일본식 발음*과 닮았다는 사실도 알게 됐다. 옛 페테르부르크의 고급 카페에서 먹은 과자는 꽤 호화롭고 맛있었다. 그 나라 사회층의 깊이를 가늠해보는 순간이었다.

내가 만난 런던의 커피는 거의 다 맛이 없었다. 대부분 나날을 에어레이티드 브레드 컴퍼니와 라이언스 같은 찻집에서 파는 대중적인 홍차로 견뎌야 했다. 영국인이 상식이 풍부하고 건전한 이유는 홍차만 마시고 원시적인 비프스테이크를 먹기 때문이라고 주장하는 사람도 있다. 어쩌면 프로이센의 예민한 신경은 맛 좋은 커피가 만들어낸 결과물일지 모른다. 파리에서 아침 식사로 즐겨 먹는 커피와 바게트 조각은 누구나 알다시피 일품이었다. 웨이터 스테판이 "여기 있습니다, 무슈"라며 작은 테이블에 올려주던 아침 식사는 하루 중 가장 큰 즐거움이었다. 한번은 마들렌 광장 근처 고급 카페에서 커피를 마시다가 물방울이 얼어붙어 잔과 받침이 한꺼번에 들려 올라오는 통에 깜짝 놀라기도 했다.

일본으로 돌아와서는 일요일이면 긴자의 '후게

---

* 일본어로 커피는 '코히(コーヒー)'로 발음한다.

쓰'로 자주 커피를 마시러 나갔다. 사실 거기 말고는 커피다운 커피를 내놓는 가게를 알지 못했다. 어떤 가게에서는 커피인지 홍차인지 곰곰이 음미하지 않으면 뭔 맛인지 모르겠는 것을 팔았다. 단팥죽 맛이 나는 커피도 마셔봤다. 후게쓰에는 독일인 피아니스트 S 씨와 첼리스트 W 씨라는 황금 콤비가 종종 나와 같은 시간에 찾아왔다. 두 사람 역시 그곳 커피 한 잔으로 베를린이나 라이프치히에서의 단꿈을 맛보는 것 같았다. 당시 웨이터는 딱딱하고 폭 좁은 허리띠를 맨 기모노 차림이었다. 그러다 간토대지진 이후 맞은편으로 가게를 이전하고 턱시도 차림으로 바뀌면서부터 왠지 문턱이 높게 느껴졌다. 때마침 S니 F니 K니 하는 내게 걸맞은 찻집이 생겨서 자연스레 그쪽으로 발길이 향했다.

나는 커피는 물론 모든 음식에 정통한, 이른바 미식가는 아니다. 하지만 가게마다 커피 맛이 다르다는 사실만은 자연스레 터득했다. 크림 향미 또한 가게에 따라 차이가 많이 났다. 이 역시 중요한 미각 요소라는 점을 조금은 알게 됐다. 커피 내리는 법은 분명 하나의 예술이다.

그런데 내가 커피를 마시는 건 아무래도 커피를 마시려고 커피를 마시는 게 아닌 듯하다. 우리 집 부엌에서 기껏 공들여 맛있게 내린 커피를 너저분한 거실 책상 앞에서 맛보면 뭔가 모자라서 도무지 커피를 마셨다는 기분이 들지 않는다. 역시 인조라도 대리석이나 유백색 유리 테이블 위에 은그릇이 빛나고 카네이션 한 송이라도 향기를 풍기며 수납장에는 은과 유리가 밤하늘처럼 반짝이면 좋겠다. 여름이라면 선풍기가 머리 위에서 윙윙대고, 겨울이라면 난로가 은은하게 달아올라야 커피 맛이 제대로 난다. 커피 맛은 커피가 호출하는 환상곡이기에 그 맛을 불러내려면 적당한 반주 또는 전주가 필요한 법이다. 은과 크리스털유리가 순간적으로 내비치는 빛의 아르페지오는 관현악 한 파트를 맡기에 충분하다.

연구가 벽에 막혀 어찌할 도리가 없을 때 앞서 말한 의미로 커피를 마신다. 커피잔 테두리와 입술이 막 닿으려는 순간, 머릿속에 번쩍 한 줄기 빛이 흘러들면서 거뜬히 문제를 해결할 실마리가 떠오르는 경우가 종종 있다. 혹시 이게 커피 중독 증상일까. 생각해보니 중독이라면 마시지 않는 동안 정신 기능이 현저히 떨어지고 마셔야 비로소 정상으로 돌아온다는 얘긴데, 아직 그 정도는 아니다. 역시 흥분제의 정당한 작용이자 효과임에 틀림없다.

커피가 흥분제인 줄은 잘 알지만 실제로 그 의미를 체험한 적은 단 한 번뿐이다. 병 때문에 1년 이상 커피를 전혀 입에 대지 않던 어느 가을날 오후, 오랜만에 긴자에 가서 커피 한 잔을 마셨다. 그리고 어슬렁어슬렁 걸어 히비야까지 왔더니 왠지 주변 풍경이 평소와 달랐다. 공원 나무든 오가는 전차든 늘 있는 모든 것이 너무나 아름답고 밝고 유쾌하게 느껴졌다. 거리를 걷는 사람이 모두 믿음직스러워 보였다. 요컨대 세상 전체가 축복과 희망으로 충만해 눈부시게 빛났다. 문득 정신을 차려보니 양 손바닥에 기름땀이 잔뜩 배어 있었다. 과연 커피는 무서운 독약이구나! 감탄하는 동시에 인간이란 존재가 실로 아주 적은 약물에도 한껏 지배당하는 가련한 존재라는 사실을 실감했다.

마찬가지로 스포츠를 좋아하는 사람이 스포츠를 보면 흥분 상태에 빠지는 모양이다. 종교에 열중한 사람 역시 비슷한 황홀 상태를 경험하지 않을까. 이것이 '무슨무슨 술'이라 불리는 심리 요법에 이용되려나.

술이나 커피는 이른바 금욕주의자의 눈으로 보면 참으로 해롭고 무익한 쓸데없는 물질일지 모른다. 하지만 나는 예술이든 철학이든 종교든 사실 술이나 커피와 비슷한 효과를 인간의 육체와 정신에 미친다고 생각한다. 금욕주의자 가운데서도 금욕주의 철학에 도취한 나머지 어린 나이에 자살한 로마의 시인과 철학자가 있지 않은

가. 영화나 소설이나 예술에 몰입해 도둑질을 하고 불을 지르는 소년이 있는가 하면, 외래 철학 사상에 심취해 세상이 떠들썩하게 생명을 버리는 사람도 적지 않다. 종교나 신앙에 빠져 가족을 울리는 아버지가 있는가 하면, 전쟁을 일으키고도 뉘우치지 않는 왕자도 있다.

예술이든 철학이든 종교든 인간이 인간답게 현재적으로 실천하는 활동의 원동력이 될 때 비로소 현실에서 의미가 있고 가치가 있다. 그런 의미에서 대리석 테이블에 놓인 한 잔의 커피가 곧 나를 위한 철학이자 종교이자 예술인 셈이다. 본업에서 조금이라도 능률을 올릴 수 있는 한 적어도 내게 커피는 어설픈 예술이나 설익은 철학이나 미지근한 종교보다 훨씬 더 실용적이다. 누군가 "너무 값싸고 평판이 나쁜 탐욕스러운 원동력이 아니냐"고 묻는다면 "맞는 말이지만 그런 것도 있어야 하지 않겠느냐"고 되묻겠다.

종교는 때때로 사람을 취하게 해서 감각과 이성을 마비시킨다는 점에서 술과 비슷하고, 커피는 감각을 예민하게 해서 통찰과 인식을 투명하게 한다는 점에서 철학과 비슷하다. 다만 술이나 종교 때문에 사람을 죽이는 경우는 많아도 커피나 철학에 취해 범죄를 저지르는 경우는 드물다. 전자는 신앙적이고 주관적이지만, 후자는 회의적이고 객관적이기 때문이리라.

　　예술이라는 맛있는 요리도 가끔 사람을 취하게 한다. 사람을 취하게 하는 성분은 알코올뿐만 아니라 니코틴, 아트로핀, 코카인, 모르핀 등 여러 가지인데, 예술도 그런 성분에 맞춰 분류할 수 있을지 모른다. 코카인 예술과 모르핀 문학이 너무 많은 지금 현실이 마음 아플 따름이다. 커피 수필이 그만 커피 철학 서설처럼 돼버렸다. 방금 마신 커피 한 잔에 취한 결과라 생각하시라.

행상인 소리

매일 아침 이불 속에서 꾸벅꾸벅 졸며 듣는 두부 장수의 나팔 소리가 요사이 조금 달라진 듯하다. 원래는 '뽀↗삐↘뽀' 하며 중간에 한 번 장3도 정도 높은 음이 끼어들어 툭하면 "일어나, 일↗어↘나"처럼 들렸는데, 요즈음 그냥 '뿌뿌—, 뿌—뿌—' 하고 단조로운 음이 되어버렸다. 두부 장수가 바뀐 걸까, 악기가 바뀐 걸까. 어느 쪽인지 모르겠다.

    옛날에는 "두—부—"라고 외치며 다녔다. 그 목소리가 언제부터 들리지 않게 됐는지 도무지 기억이 안 난다. 모든 '스러져가는 것'과 마찬가지로 언제 없어졌는지 모르게 어느새 없어지고 잊혀, 결국 없어지고 잊혔단 사실을 떠올리는 사람조차 차츰 줄어들다가 사라지는 것이리라.

    낫토 장수의 "낫토, 낫토—, 낫토, 시치미토가라

시*!" 하던 소리 역시 이즈음 동네에서 통 듣지 못했다. 그 대신 부엌에 슬렁슬렁 말없이 들어와서는 멋없게 무작정 사달라는 식으로 바뀐 모양이다.

"콩, 볶은 콩—"이라던 외침은 딸랑딸랑 소리만 나더니 이제는 그 방울 소리마저 좀처럼 들리지 않는다. 한때 유행하던 현미빵 장수의 메가폰에서 나오는 묘하게 흐릿한, 듣기만 해도 목구멍이 막혀 식욕을 떨구던 그 따분한 소리는 다행히 깨끗이 사라졌다.

불과 이삼 년 전까지 매년 초여름이면 모종 파는 행상인의 감상적인 목소리가 울려 퍼졌다. "가—지 모—종이나 오—이 모종—, 동—과, 호—박, 옥—수—수 모종—" 하고 길게 늘어지는 느슨한 아다지오 곡조를 듣노라면 졸린 듯 서글프고 안타까운 기분이 들었다. 동시에 일본 초여름 자연만이 지닌 온갖 아름다운 꿈의 세계가 눈앞에 떠올랐다.

이에 견줄 만한 것이 서리 내린 겨울밤에 들려오는 길거리 점쟁이의 목소리였다. 1902년께 병든 아내를 고향으로 돌려보내고 혼고 5번가 하숙집 2층에서 홀로 지내던 시절, 거의 매일 밤 창문 아래 골목을 지나가

---

* 고춧가루에 참깨, 후추, 산초 따위를 혼합한 조미료.

며 "꽃 소식, 사랑 점"이라고 외치는 목소리를 들었다. 이상하리만치 맑고 고우면서도 어쩐지 쓸쓸한 그 목소리는 차가운 별하늘을 가로질러 날아갈 듯했다. 목소리의 주인은 나이 어린 여자아이 같았다. 그 시간쯤이면 이웃 하숙집 대문이 열리는 방울 소리가 나고 머지않아 창문 아래에서 고향 친구이자 좀 노는 친구인 T와 M이 나를 불러댔다. 좀 노는 친구라고 해봤자 메밀국수 가게에 가자고 꼬드기는 정도였다. "저 녀석, 요즘 맥이 빠졌잖아. 데려가서 기운 좀 북돋워주자"라며 끌어내는 고마운 친구들이었다.

"안마, 머리부터 발끝까지 200푼!" 외치는 소리는 오래전에 사라졌지만, 귀뚜라미 소리처럼 갈라진 피리 소리는 지금도 이따금 듣는다. 며칠 전에도 양복 입고 구두 신은 안마사가 옛날과 다름없이 피리를 불며 동네 골목을 돌아다니는 모습을 목격했다.

한여름 아침 일찍 "예쁜 아침 얼굴, 나팔꽃"* 하며 걸어가는 소리는 작년에도 들었다. 옛날엔 꽃을 사줄 법한 집 주변을 몇 번이고 왔다 갔다 하다가 글렀다 싶으면 포기한 채 가버렸지만, 요즘엔 부엌 쪽문으로 들어가서

---

* 일본어로 나팔꽃은 아사가오(朝顔), '아침 얼굴'이란 뜻이다.

는 바깥주인과 안주인을 불러내기 일쑤다. "멋진 잉어요, 잉어" 소리는 몇 년째 듣지 못한 반면 "좋은 대나무 장대요, 장대" 소리는 한 달쯤 전에 우연히 들었다.

이렇듯 일본 곳곳에서 선율이 흐르는 행상인 소리가 점점 없어지고, 그 외침이 불러일으키는 옛 일본의 몽환적 정취 역시 점점 사라져간다.

옛날 고향에서 귀가 닳도록 들은 행상인 소리는 이제 거의 다 자취를 감췄다. 생각해보면 무척 다양했다. 개중에는 어릴 적 친숙한 기억과 밀접히 이어져서 잊히지 않는 소리가 제법 많다.

여름이면 도쿠시마에서 찾아오던 센킨탄 약장수의 소리가 그중 하나다. 철새처럼 시코쿠의 커다란 산맥을 넘어 난카이 해안 수많은 시골 마을을 거쳐 오는 젊은 행상인 무리는 모두 흰 바탕에 감색 줄무늬가 들어간 기모노 옷자락을 걷어붙인 채 다리에 각반을 차고 짚신을 신은 바지런한 차림새였다. 때론 메이지시대 초기를 대표하는 흰 셔츠를 입고 머리는 대부분 모쿠아미풍으로 단정히 가르마를 탔다.* 모자는 안 쓰고 대신 흰 천을 덧댄 박쥐우산을 쓰고 다녔다. 우산에는 붉은색으로 커다랗게

---

* 메이지시대(1868~1912) 초기 활약한 극장가인 가와타케 모쿠아미가 유행시킨 머리 스타일.

약 이름인 '센킨탄千金丹'이 적혀 있었다. 요즘으로 치면 슈트케이스 같은, 작고 새까만 가죽 가방에도 크고 붉은 글씨로 '센킨탄'을 적어 들고 다녔다. 멀구슬나무 꽃이 흐드러지는 남국 여름 뙤약볕 아래, 그들—당시 사람들 눈에는 세련돼 보였다—이 천천히 행진하며 테너 톤으로 소리 높여 부르는 문구는 이러했다.

"어— 어—, 원조 원조, 산슈—의, 고토히라, (쉬고) 마쓰시마, 가문 비법, 센킨탄—" 하고 똑같은 4박자 안단테 선율을 반복하면서 효능 설명서를 조목조목 읊으며 지나갔다. "이 약의 효능을 말씀드릴 것 같으면 가슴이나 배가 쑤시고 아픈 병, 가슴이 답답한 병……"까지는 기억나는데 그 뒤는 잊어버렸다.

아이들은 센킨탄 약장수를 '원조'라고 불렀다. "원조 왔다, 원조 왔어" 하며 달려가서는 원조를 둘러싸고 "원조, 주이소, 주이소"라고 입을 모아 졸라댔다. '주이소'는 '주세요'라는 뜻이며 이때 '원조'는 약장수가 아니라 그들이 나눠주고 다니던 광고지를 가리킨다. 원조 약장수가 뿌려대던 원조 광고지는 코지를 8등분한 종이에 조잡한 목판으로 붉게 인쇄했는데, 박쥐우산을 쓰고 기모노 옷자락을 걷어붙인 원조 약장수 모습이 그려져 있었다. 옆에 인쇄된 글자는 기억나지 않는다. 아이들에게는 광고지도 원조요, 광고지를 돌리는 사람도 원조였다. 어쨌든 나를 비롯한 아이들은 센킨탄 광고지를 받아 들고 엄청 기뻐했다. 지금 생각해보면 이상하기 그지없다. 소년잡지나 동화책 하나 없던 시절이라 변변찮은 인쇄물조차 아이 눈에는 신기했던 걸까. 상당히 질 낮은 목판인쇄였음에도 요즘 어린이 그림책에 실린 알록달록한 도판과 비교하면 오히려 어설프고 촌스러워서 멋이 난다.

    옛 고향 여름 정취와 얽힌 추억 속 행상인 소리 가운데 비파잎탕 장수 소리는 이제는 잊어버린 사람보다 아예 모르는 사람이 더 많으리라. 그들은 주홍색 바탕에 검은 옻으로 칠한 까마귀 그림 아래 '가라스마루 비파잎탕'이 적힌 길쭉한 상자 두 개를 양쪽 어깨에 각각 걸머멘 채 "원조—, 가라스마루, 비파잎—탕—" 하고 외치며 돌아다녔다. 마지막 음인 '탕—'을 청아한 목소리로 길게 끌던 게 기억난다. 어떨 때는 나무 그늘에 짐을 내려놓고 지나가는 사람들을 불러 모았다. 그 목소리가 묘하게 시원하기도, 무덥게 느껴지기도 했다. 그런데 정작 비파잎탕이 대체 어떤 음식인지 맛을 보기는커녕 구경조차 하지 못했다. 그즈음부터 이미 대중성을 잃고 과거의 타성에 기대 겨우 흔적만 조금 남겨진 상태였지 싶다. 도쿄에 지진이 나기 전까지 후카가와 근처에서 간혹 보던 여름

철 탕약을 팔던 약장수와 비슷한 존재였지만, 그 주홍색 상자와 상쾌한 목소리에는 딱딱한 도쿄 약장수보다 훨씬 많은 옛 꿈과 서민 정서가 담겨 있었다.

갖가지 생과자를 납작한 사각형 옻칠 상자에 담아 어깨에 걸치고 "카에초, 카에초" 소리치던 과자 장수는 대개 사내아이로 늘 막치기 짚신 뒤축이 터진 채였다. 그들이 파는 과자 중에 '이가모치'*라는 게 있었다. 팥소가 든 찹쌀떡인데, 겉면에 찐 찹쌀 알갱이가 듬성듬성 들러붙은 모양이 마치 밤송이 같아서 이가모치라고 이름 붙인 듯하다. '카에초'는 무슨 뜻인지 나로선 알 길이 없다. 나이 어린 행상 가운데 후쿠스케 인형**처럼 머리통이 유난히 큰 아이가 한 명 있었다. 그래서인지 누군가가 시험 삼아 1전짜리 동전과 덴포센***을 내밀며 어느 쪽이든 마음대로 가져가라고 했더니 대번에 덴포센을 골랐다는 둥 머리뼈를 모 병원에 100엔인가를 받고 이미 팔아버렸다는 둥 여러 소문이 나돌았다.

시치미토가라시를 팔러 다니는 남자도 자주 봤다.

---

* 이가(イガ)는 '가시 돋친 겉껍데기'를 뜻하며, 모치(モチ)는 '떡'을 뜻한다.
** 머리와 귓불이 상당히 큰 남자가 무릎을 꿇고 인사하거나 절하는 자세를 취한 인형으로, 돈을 불러온다고 한다.
*** 에도 막부가 덴포 연간에 발행한 타원형 동전으로, 일반 동전보다 액면가격이 100배나 높다.

머리에 끝이 뾰족한 고깔모자를 쓰고 새빨간 중국옷을 걸친 채 사람 크기만 한 종이로 만든 고추 모형을 어깨끈에 매달아 옆구리에 꼈다. 그러고는 "고—고추, 고춧가루, (쉬고) 알알 매콤, 산초가루, (쉬고) 참깻가루, 양귀비씨, 생강가루, (쉬고) 고—고추, 고춧가루" 단순한 4박자 선율을 살짝 흐릿하고 공허하게 바리톤으로 노래하며 다녔다. 커다랗고 새빨간 고추 모형에 달린 옆면 뚜껑을 열면 안에 시치미토가라시 보관함이 보였다. 이국풍 옷차림의 시치미토가라시 장수는 어쩌면 메이지시대 이후 생겨난 산물일지 모른다.

"그 유명한 미녀 장수 오긴이 만든 커다란 복숭아"라고 외치는 복숭아 장수는 전에 다뤘으니 생략하고 "나사조개요—"를 부르짖던 조개 장수나 굴 장수로 넘어가자. 굴 장수는 옛날에 "구—우—리—요—"라고 외쳤다. 이는 내가 어릴 적 어른들이 종종 들려주던 너구리 괴담 가운데 한밤중 너구리가 굴 장수로 둔갑해 "구우리요— 구우리요—" 하며 돌아다녔다는 이야기에서 비롯됐다. 아이들은 밤길에 너구리 흉내를 낸답시고 "구우리요— 구우리요—" 소리치곤 했다. 결국 자기 목소리에 자기가 겁먹기 일쑤였지만, 그렇게 불가사의하고 신비로운 감각을 체험하며 놀았다.

북쪽 깊은 산골에서 이따금 한 노인이 기이한 물건을 팔러 나왔다. 살짝 다리를 절고 키가 엄청나게 큰 깡마른 할아버지였다. 얼굴을 푹 감싼 해진 수건 아래로 추레한 백발이 삐져나왔고, 옷은 완전히 누더기였다. 허리에 굵은 줄을 띠처럼 졸라맨 노인은 숯 바구니만 한 커다란 소쿠리를 나무 막대기 끝에 매달아 어깨에 걸치고 다리를 절뚝거리며 "왕버들, 산호어"라고 외쳤다. 약간 혀가 꼬부라진 낮은 목소리에 말끝이 점점 내려가는 억양이라, '산호어'가 '사노러'로 들릴 때가 있었다. 어쨌든 이 산 사나이 주위에는 뭔가 신비로운 분위기가 나부껴서 장난꾸러기들조차 쉬이 다가가지 못했다. 나 또한 늙고 초라한 산사람이 왠지 모르게 두려웠다.

　　하지만 산호어가 무엇이고 어떻게 생겼는지 궁금했다. 오랫동안 강한 호기심을 품은 채 지켜보다가 결국 어머니를 졸라 두세 개의 표본을 샀다. 산호어는 다슬기와 생김새가 비슷했고 껍데기는 회색이었다. 일종의 고둥으로 길이는 기껏해야 1.5센티미터에서 2센티미터 사이였다. 빈 껍데기가 아니라 살아 있는 상태여서 상자 속에 풀과 함께 넣어두니 풀잎 끄트머리를 도롱이벌레처럼 꾸물꾸물 기어다녔다. 바다가 아닌 깊은 산속에 패류가 존재한다는 사실이 무척 신기했다. 아쉽게도 이 생명체의 서식 생태에 대해 아는 사람이 아무도 없었다. 바다의 호어虎魚 즉 쑤기미는 물고기이거늘 어째서 산의 호어는 패류인지 도통 이해가 안 갔다.

산호어가 왜 사고파는 물건이 됐는지, 도대체 누가 무슨 목적으로 사서 어디에 사용하는지는 대강 얻어들었는데, 지금은 어렴풋이 기억할 뿐이다. 요샛말로 이른바 '마스코트' 역할을 해서, 몸에 지니면 트럼프든 다른 도박이든 반드시 승리한다는 얘기였다. 물론 그 효험은 우연의 법칙에 지배를 받는다. 왕버들 쪽은 무엇에 쓰였는지 기억도 없고 지식도 전혀 없다.

행상인 소리는 어째서 스러져가는 걸까. 정확한 이유는 모르지만, 분명 점점 사라져가는 중이다. 보통교육을 받은 사람은 이제 대낮 길거리에서 소리치며 걸어다니는 게 창피해서 못 하는 걸까. 아니면 목소리로 자기 존재를 알리고 얌전히 손님이 오기를 기다리는 수동적 자세로는 장사가 안 되는 세상이 된 걸까. 혹은 행상이라는 일 자체가 요즘 시대에 어울리지 않는 경제 방식이 되어버린 걸까. 아니면 앞선 이유가 공동 작용하는 걸까. 이는 그리 간단한 문제가 아닌 듯하다.

어쨌거나 지금 당장 사라져가는 행상인 소리를 악보로 옮기든 축음기 레코드로 녹음하든 방법을 찾아 기록하고 보존해 100년 후 민속학자나 호사가에게 들려줘야 한다. 자연 보호나 사적 보존과 마찬가지로 상당히 의미 있는 작업이 아닌가 하는 생각이 든다. 최근 나라의 고유한 문화를 보존하자는 바람이 이는데, 내무성이건 문부성이건 어디 적당한 정부 기관에서 기록 보관소를 만들면 어떨지. 문득 그런 공상까지 떠오른다.

기록광 시대

뭐든지 '세계 제일'이란 명칭을 좋아하는 미국에서 기록 세우기 열풍이 왕성한 것은 당연하다. 1929년은 이 기록 열풍이 가장 기승을 부렸으며, 그 열병은 유럽에까지 번졌다. 그 결과 1년간 온갖 진귀한 기록이 다수 탄생했다. 그 기록 가운데 색다른 몇 가지를 골라 엮은 기사를 책상 위 소책자 속에서 발견했다.

시카고에 사는 한 남자가 79초 동안 날달걀 40개를 통째로 먹어치우는 기록을 세웠지만, 곧바로 병원 신세를 지고 말았다. 옛날 남미에서 열린 날달걀 빨리 먹기 대회에서 우승한 남자가 즉사한 적이 있었다. 이번에는 섭취량 외에 소요 시간까지 측정했으니 진보한 기록이다. 시간이 무제한이라면 날달걀 100개, 200개쯤 먹기 어렵지 않을 거다.

빈에 사는 한 남자는 엄격한 감독하에 빈트보이텔

(구움 과자의 일종)을 69개 먹어치웠다. 그의 상대는 결승 직전 복통을 일으켜 아깝게 졌다고 전해진다.

이런 경기라면 참가자의 체중이나 신장을 고려해 승패를 결정하는 편이 합리적일 텐데, 그렇지 않은 걸 보면 결국 강한 자가 이기는 세상이다.

대식가 기록 보유자 중에서 다소 특이한 인물은 파리의 무슈 시에르다. 그는 1년간 400번이나 연회에 참석했고, 매번 빠짐없이 탁상연설을 해냈다. 일본에도 기업인이나 정치인 가운데 식사 모임을 하루하루 주요 업무라고 말하는 사람이 있다고 들었지만, 365일 동안 연회 400회라니 좀 심한 것 같다. 어쨌거나 진짜로 만찬에 400번 참여했다는 사실을 증명하기 위해 꽤나 번거로운 심사를 거쳤으리라.

시가 한 대를 되도록 천천히 오래 피우는 경기에서 우승의 영광을 차지한 이는 어느 독일인이었다. 기록은 5시간 17분. 아쉽게도 시가의 크기나 무게, 당일의 기온과 습도와 기압 등은 적혀 있지 않다. 이 경기는 '최고 속도'가 아니라 '최저 속도'라는 소극적인 기록을 노린다는 점에서 색다르고 흥미롭다. 가능한 느리게 타는 것과 아예 타지 않는 것 즉 소화 상태는 본질적으로 다르다.

이에 비해 100미터 거리를 되도록 느리게 달리는

경기는 성립 여부를 둘러싼 문제가 생긴다. 가령 고속 카메라로 촬영한 이른바 슬로모션 경주 영상에서 본 것처럼 몸 동작을 현실에서 자유롭게 저속으로 재현할 수 있을까? 내 생각에 지구 중력가속도(g) 값을 줄이지 않는 한 어렵다. 되도록 느리게 걷기 대회 역시 심사하기 힘들다. 하지만 시가 느리게 피우기 경기는 가능할뿐더러 어딘가 실로 한가롭고 시대를 초월한 묘미가 느껴진다. 경기 심사관은 정말이지 고생이 이만저만이 아니었겠지만. 만약 누군가 적당한 문학자가 이 대회 광경을 묘사한 글이 있으면 읽어보고 싶다.

시가로 가장 큰 담뱃재 덩어리를 만든 기록 역시 독일인의 손에 떨어졌다. 이는 1929년의 일인데, 올해는 히틀러가 수많은 책의 재를 만들어냈다.* 뭐, 옛날 알렉산드리아도서관 화재가 낳은 재의 기록은 깨지 못했지만 말이다.

벨기에인 메니에 씨는 엽서 한 장에 무려 17,131자를 써넣는 기록을 세웠다. 완성하기까지 14년이 걸렸다고. 평균 1년에 1,223자 이상, 하루에 3자 내지 4자를 적은 꼴이다. 계산해보면 면적 1제곱밀리미터당 글자 1개쯤 된다.

---

* 1933년 5월, 나치 정권이 베를린 베벨 광장에서 전국 도서관에 있던 책을 일제히 불태운 사건을 가리킨다.

일본에도 쌀알 표면에 와카*를 적는 사람이 있는데, 그에 버금가는 잔글씨 장인이라 할 만하다. 들은 바에 따르면, 쌀알에 글씨를 쓰기 앞서 손바닥 위에 쌀알을 올려놓고 매일 틈틈이 찬찬히 들여다본다. 그러면 쌀알이 조금씩 커져가다가 마침내 달걀 또는 쟁반만 하게 보인다. 그 순간 속눈썹 하나를 뽑아 먹물에 찍어 '술술 써 내려간다.' 진위야 어떻든 정밀 기계를 다루는 사람들이 흔히 비슷한 경험을 겪는다. 또 천체 관측 훈련을 하면 0.1초라는 짧은 시간이 차츰 길게 느껴지기도 한다.

     기계문명이 발달할수록 정밀한 일은 기계가 해주니 인간은 점점 서툴러져도 괜찮냐 하면, 그렇지 않다. 정밀한 기계를 사용하려면 정밀한 감각이 필요하다. 기계 발달에 맞춰 인간 역시 발달하지 않으면 따라가지 못한다. 일본 민족 고유의 정신으로 기계를 다루다가는 기계가 먼저 망가지거나 자칫하면 자기 목숨마저 위태로워진다. 정밀 기계를 만드는 데도 최종 마무리는 결국 인간 감각에 의존할 때가 많다. 이런 점에서 엽서 잔글씨 기록은 단순히 한가한 사람의 놀이로만 치부할 수 없다. 생각하기에 따라 달리기나 포환던지기 같은 기록보다 더 문화

---

* 5·7·5·7·7의 5구 31음으로 된 일본 전통 시.

적 의미가 많을지도 모른다. 체력만 기르는 행위는 오히려 미개 시대로 역행하는 것이다.

1929년 타자 속도 기록은 1분에 96 단어로, 프랑스 모 여성 타이피스트가 보유했다. 이것도 신경 작용의 가능성을 보여주는 사례다.

로스앤젤레스에 사는 아젤린 씨는 36초 만에 8제곱미터 면적을 깨끗이 청소했다는 기록을 세웠다. 이 경우 '청소했는지' '안 했는지' 심사하기 어려워 보인다. 청소는 빨리 해도 다다미가 상하거나 창호지에 구멍을 낸다면 적어도 일본 가정부 채용 시험에서 불합격을 받을 게 뻔하다.

80세 대상 장시간 춤추기 대회 우승자는 부킨스 씨로 6시간 11분이란 기록을 세웠다. 젊은 참가자 경기 기록은 79시간 30분, 빈의 윌리 가가브추크 씨에게 돌아갔다. 사흘 밤낮에 7시간 반을 계속 춤추는 동안 수면 불가는 그렇다 치더라도 식사와 용변은 어떻게 해결했을지 궁금하다.

82시간 내내 피아노를 연주했다는 기록도 있었다. 우승자인 남자의 직업이 도축업이라는 점이 재미있다. 다만 이보다 훨씬 예전에 110시간이라는 최장 기록이 존재했으니, 뭔가 조건이 달랐던 모양이다. 어쩐지 에도시대

가인 이하라 사이카쿠가 만든 한정된 시간에 누가 더 많은 하이쿠*를 짓는지를 경쟁하던 놀이가 떠오른다.

이러한 끈기 겨루기는 얼핏 무의미하게 보이지만, 인간의 기력과 체력은 어디까지가 한계인지를 고찰하는 데 좋은 자료가 된다. 어쩌면 한 개인의 내구력 여하에 따라 한 군대 혹은 한 국가의 운명이 결정될지 모를 일이다.

가장 기묘한 기록은 미국의 코러스 걸이 키스할 때 심장 박동 수가 1분마다 15회 증가했다는 것이었다. 차점자는 13회 증가로 아깝게 졌다. 사전에 정상 박동 수가 얼마였는지 적혀 있지 않아 증가율은 알 수 없다. 조금 어처구니없긴 해도 어쨌든 인간의 기질을 숫자로 나타내려는 경향이 보여 흥미롭다.

이른바 '기록'은 모두 숫자로 기재된다. 숫자가 클수록 좋은 부문도 있고 적을수록 뛰어난 부문도 있다. 여하튼 한 선 위에 연속적으로 배열된 수량의 척도로 우열을 가린다. 그렇지 않으면 우열은 단일하게 정해지지 않는다. 따라서 기록은 설정되지 않고, 설정되지 않은 기록은 깰 수 없다. 깨지지 않는 기록은 기록이 아니다.

예를 들어 모자 대신 양배추를 머리에 쓰고 긴자

---

* 5·7·5의 3구 17음으로 된 일본 전통 시.

를 산책한 남자가 있다고 치자. 이는 분명히 독창적 의상으로 기록할 만하다. 하지만 이 기록은 결코 깨지지 않는다. 왜냐하면 누군가 다시 양배추를 써서는 '양배추를 이용했다'는 질적 기록이 깨지지 않고, 그렇다고 하늘다람쥐를 쓰고 신주쿠 거리를 걸어본들 따라잡지 못한다. 양배추와 하늘다람쥐, 긴자와 신주쿠의 우열은 아무리 논쟁한들 결론이 나지 않는다. 반면 숫자의 차이는 매우 명확하다. 15가 13보다 2만큼 많다는 설명에 어떻게도 이의를 제기할 수 없다.

또 숫자로 된 기록에서 우승했다고 해서 그 사람이 그 숫자가 대표하는 양 즉 크고 작은 점 외에서도 뛰어나다는 증거가 되지 않는다. 자명한 일이지만, 왕왕 잊히기 쉬운 사실이다. 최고 모자 치수 기록 보유자가 반드시 최고 양말 치수 기록까지 갖고 있으리란 보장은 없다. 100미터 달리기에서 우승한 사람이 1,000미터에서 꼴찌가 되지 않으리란 법도 없다. 기구를 타고 10,000미터 높이까지 올라가서 쩔쩔매다가 그냥 내려온 사람과 9,000미터까지 올라가서 정밀한 관측을 끝내고 돌아온 사람 중 과학 업적 측면에서 채점한다면 누가 우승자일지는 명백하다.

기록은 앞서 말한 것처럼 하나의 선형 척도에 따

른 비교로 결정될 뿐이다. 만약 사물이나 사람의 가치를 정하는 속성 수치가 단 하나라면 이런 선형 척도가 하나만 있으면 충분하다. 그러나 공간 속에 정지한 점 하나의 위치를 결정할 때조차 수치 세 개(x, y, z)가 필요하다. 점 100개로 이루어진 집단이라면 300개가 요구된다. 물리 체계에서 '자유도(degree of freedom)'가 증가할수록 그 상태를 지정하는 데 필요한 척도의 판독 수치는 무한정 늘어난다.

요즘 들어 걸핏하면 '학문의 자유'가 논의되지만, 이 자유에서 자유도가 아직 숫자로 정해지지 않는 한 정밀과학적으론 완전히 무의미한 단어일 뿐이다. 100년을 논쟁해도 이 자유의 한계는 결코 숫자로 정해질 것 같지 않다.

이에 반해 갖가지 진기한 기록은 어쨌든 저마다 하나의 '자유도'에 대응하는 수량적 기록을 위한 어설픈 시도의 첫걸음으로 각각 고유한 어떤 문화적 의미를 가진다. 미하라산에서 투신자살을 할 때도 분화구 깊이가 몇백 미터라는 식으로 수치가 정해지면 투신자 가운데 누군가 낙하 고도 기록을 만들게 될지도 모른다. 단순히 낙하 고도일 뿐인 기록이라면 비행기 탑승자 쪽에서 훨씬 더 큰 수치가 나오려나.

물론 별로 달갑지 않은 기록도 있다. 굴욕적인 기록 역시 종류가 여러 가지다. 20여 년 전, 워싱턴주 신록 가득한 거리를 관광버스로 돌아다녔다. 붉은 벽돌이 무섭도록 살풍경한 어느 건물 앞에 이르자 안내원이 "세계 제일의 벽돌 건축물입니다"라고 설명했다. 어떤 점에서 제일인지 알 수 없었고, 미국은 '해학이 없는 나라'라고 느꼈다. 이런 아메리카 정신이 마천루 기록을 세우는 동시에 갱 범죄 기록을 만들어내는 게 아닐까. 아무런 기록을 갖지 않은 완전무결한 유토피아는 어디에도 없는 걸까, 종종 생각한다.

지팡이

"처음에는 네 발로 걷고, 다음에는 두 발로 걷고, 마지막에는 세 발로 걷는 것이 무엇이냐?"

이 수수께끼가 만들어진 시대에는 지금처럼 젊은 사람이 지팡이를 들고 다니는 습관은 없었을 거다. 지팡이를 늘 달고 다니는 마법사는 대개 할머니나 할아버지로, 그들의 지팡이는 사용 목적이 꽤 달랐다. 손오공의 '어쩌고저쩌고 봉'처럼 매우 정교한 과학적 내용을 지녔다. 중국 선인이 들고 있던 지팡이는 도술에도 쓰였고 산행에 필요한 금강장* 역할도 했다.

양치기는 어린아이조차 기다란 지팡이를 들고 다닌다. 무슨 용도인지는 잘 모르겠다. 양을 치며 살아가는 이들의 조상이 산사람이기 때문인지, 아니면 양을 몰고

---

* 수도자나 순례자가 들고 다니는 각진 나무 지팡이.

다니다가 늑대를 쫓아낼 때 쓰기 위함인지. 여하튼 보통 지팡이와는 상당히 쓰임이 다르다.

옛날에 가마꾼이 들던 '들장대'도 사용법을 연구해보면 재미가 쏠쏠할 듯한데, 오늘날에는 연극이나 영화 외에 깊은 산속까지 가지 않으면 보기 힘들다. 이 또한 현대 지팡이 개념에 들어맞지 않는다. 옛날 산길 교통수단이던 '대나무 가마'라는 기계의 부품으로 간주해야 마땅하다.

어린 시절, 시골 할머니는 대개 허리가 120도 내지 90도쯤 구부러져 있었다. 그래서 걸어 다니려면 꼭 지팡이를 '제삼의 다리'로 삼아야 했다. 중력에 맞서 균형을 잡기 위해서였다. 실로 참담한 모습이었다. 늦가을 찬바람이 부는 황혼 무렵, 등에 작은 보따리를 메고 들길을 터벅터벅 걸어가는 모습을 보면 몹시 감상적이 되어 엉엉 울고 싶은 기분이 들곤 했다.

더욱더 딱한 정경은 논둑길 옆 좁다란 도랑을 첨벙첨벙 걸으면서 마른 나뭇가지 같은 다리에 달라붙는 거머리를 떼어 작은 무명 주머니에 집어넣는 할머니였다. 그렇게 채집한 거머리를 2전, 3전에 팔아 생활비를 벌었다. 떠올리기만 해도 세상이 암울해질 만큼 지팡이 중에서도 이 할머니의 지팡이가 가장 비참한 지팡이었다.

친척 할아버지 가운데 중풍을 맞고도 10년이나 더 사신 분이 있었다. 그분은 쌀쌀한 날이면 언제나 소매 없는 도복을 입고 양지바른 마당 의자에 앉아 한 손에 헝겊으로 감은 긴 지팡이를 든 채 한동안 꼼짝하지 않았다. 반나절 정도 빡빡 깎은 머리를 햇볕에 쬐었는데, 머리 위에는 으레 파리 한두 마리가 내려앉았다. 꿈같은 어린 시절 기억이다. 이렇게 걸터앉아 짚는 지팡이는 지팡이로서 꽤 드문 용도이리라. 역학적으로 생각해보면 몸의 안정성을 유지하는 버팀대 역할을 했음에 틀림없다.

이런 갖가지 지팡이에 비해 이른바 '스틱'만큼 정체를 모르겠는 물건도 없다. 건장한 청장년이 체중을 지탱하려고 지지대를 쓸 리 만무하다. 뭐, 긴자 알프스백화점 계단을 오를 때 다소 도움이 되긴 하겠지만 그때조차 반드시 스틱 끝이 바닥에 닿지는 않는다.

서양에서 언제부터 지금 같은 스틱이 쓰였는지 잘 모르지만, 로코코시대에 귀부인이 리본 달린 기다란 지팡이를 짚고 선 그림이 있다. 또 비슷한 시대에 멋쟁이 남자가 분가루를 뿌린 가발 꽁지를 리본으로 묶고 가느다란 지팡이를 겨드랑이에 끼운 채 가슴을 젖히며 점잖은 체하는 목판화도 있다. 좌우간 그 시절 이후로 쭉 이어져 오늘날에 이르렀지 싶다. 어찌 됐든 인간이 모두 일하느라 바빠서 양손이 늘 꽉 찬 시대에는 전혀 쓸모없는 물건이었다.

　　인간 사회가 진보한 결과 아무것도 하지 않고 편히 한가한 시간을 보내는 사람이 다수 생겨나자 이제껏 열심히 쓰던 손이 비면서 말 그대로 '손이 심심해'진다. 그렇다고 태평하게 샹젤리제 대로나 숲속 오솔길을 산책하는데 활이나 살인용 곤봉, 주방용 밀방망이를 들고 다닐 수는 없으니 대신 뭔가 적당한 막대기를 손에 쥐게 되지 않았을까, 상상해본다. 옛날 중국에서는 '杖지팡이 장' 자가 '持가질 지' 자와 뜻이 같아서 손에 드는 것이라면 뭐든지 '杖'이라고 불렀던 모양이다.

　　물론 평온한 세상일지라도 이따금 대낮 대로 한복판에 노상강도가 나타나거나 "돈 좀 빌려달라"는 상대를 만나기에 그럴 때 스틱이 순식간에 원시시대 무기로 되살아날 가능성도 없지 않다. 실제로 어릴 적, 자유당이 한창 자유민권운동 투쟁을 벌이던 무렵에는 괭이자루를 짊어지고 다니거나 일명 '지팡이칼'이라는 위험한 스틱을 갖고 다니는 게 유행했다. 급기야 어린이용 장난감으로 지팡이칼이 나올 정도였다. 서양에서도 영화 〈더 쓰리페니 오페라〉 속 보스인 매키 메서가 지팡이칼을 들고 다녔더랬다.

만약 다른 실용적 휴대품이 있다면 애써 든 스틱이 그저 추레한 지팡이가 되어버린다. 다른 한 손에 더럽고 낡은 서류 가방 따위를 들어서는 안 된다. 역시 아무 할 일 없는 오로지 놀기만 하는 사람이 달랑 스틱만 들어야 제맛이 난다. 골프 어쩌고 하는 막대기도 마찬가지다. 역사는 반복된다고들 하니 언젠가 귀부인이나 모던 걸이 사람 키만 한 리본 달린 스틱에 핸드백을 매달고 긴자를 활보하려나. 아주 재미있는 구경거리가 될 텐데.

　　덧붙여 간상균 같은 '박테리아'의 어원이 지팡이를 뜻하는 고대 그리스어 βακτηρία라니 조금 흥미롭다. 병마의 지팡이가 몸속을 설치고 다니는 셈이다.

　　일본에서 제조해 파는 금속 장식이 달린 지팡이는 전부 조금만 써도 금속 장식이 떨어지거나 겉돌거나 우그러져서 못쓰게 된다. 요 몇 년간 경험으로 확인한 사실이다. 뭣보다 지팡이뿐만 아니라 대부분 국산 제품이 그러하다. 번듯한 기계류조차 오래가는 제품이 드물다. 필요 없는 사람에게 지팡이가 사치품이라면 되도록 빨리 망가져서 자꾸 새것으로 교체하는 편이 나을지도 모른다. 실제로 새 지팡이를 사고 나면 일주일쯤 공부가 잘된다는 사람이 있을 정도다. 하지만 국산 시계나 초인종이 금세 나빠지다니 영 뒷맛이 쓰다. 일본 명예를 생각하면 한

심한 일이다.

나이가 들면 역시 지팡이가 도움이 된다. 매일 오르는 계단에서 지팡이가 어느 정도 도움을 주는지에 따라 그날 몸 상태가 좋은지 나쁜지 안다. 건강을 재는 바로미터랄까. 사전에서 '杖' 자를 찾아보니 예전에는 '척도'라는 의미가 있었단다. 옛날에도 지팡이는 일종의 미터기였나 보다.

별사탕

별사탕은 요즘 들어 일반 과자점이나 막과자 가게에서조차 보기 힘들다. 듣자 하니 캐러멜과 초콜릿에 점점 밀려 이제는 만드는 곳이 극히 드물단다. 작은 알갱이에 알록달록 색을 입혀 소형 유리병에 담아 팔기도 하는데, 그건 제조법이 좀 다르다.

별사탕은 제조 과정이 실로 신비롭다. 일단 정제된 설탕에 물 소량을 더해 냄비 안에서 녹인다. 걸쭉한 액체가 되면 별사탕의 핵인 양귀비씨를 넣고 주걱으로 휘젓는다. 그렇게 퍼 올리듯 계속 젓다 보면 저절로 별사탕 형태가 완성된다.

안에 심핵이 있고 그 주변에 설탕이 엉겨 붙어 점점 성장하는 현상 자체는 그리 신기한 일이 아니다. 하지만 왜 저렇게 뿔이 솟아나며 자라나는지는 의문이다.

물리학에서는 모든 방향이 균등한 가능성을 가질

경우, 보통 대칭성 원리에 따라 방향마다 똑같은 수량이 부여된다고 간주한다. 따라서 별사탕이 성장할 때 특정 방향으로 더 많이 자랄 이유 따윈 없다. 즉 별사탕은 완전한 둥근 형태로 커져야 한다는 결론이 나온다. 하지만 별사탕은 그런 논리를 무시한 채 삐죽삐죽 돌기가 생기며 자라난다.

이는 물론 논리 오류가 아니다. 그릇된 가정에서 출발한 탓에 당연히 발생하는 틀린 결론이다. 이 역설을 풀 열쇠는 어디에 있을까. 결국 '모든 방향의 균등성'이라는 통계적 평균을 구체적으로 개체에 그대로 적용한 점이 첫 번째 실수고, 평균에서 벗어난 변이가 한 번 생기면 점점 심해지는 이른바 불안정 상태를 간과한 점이 두 번째 실수다.

별사탕의 뿔은 일반 구형에서 우연한 통계적 요동fluctuation이 작으나마 한 차례 일어난 뒤 그로 인해 높아진 부분이 낮은 부분보다 성장 비율이 더 커진다는 물리 조건만 갖추면 된다. 지금으로선 그 물리 조건이 무엇인지 잘 모르겠지만, 가능성은 얼마든지 생각해볼 수 있다. 신기하게도 뿔 개수는 거의 일정한데, 그 수를 결정하는 요인이 뭔지도 아주 흥미로운 과제다.

기존 물리학은 별사탕에서 나타나는 개체 요동 현

상을 거의 등한시했다. 요동이 항상 저절로 소멸하는 조건을 갖춘 경우만 주로 다뤘다. 그렇지 않은 불안정한 상태는, 말하자면 모르는 척하며 넘겼다. 아마 그런 현상을 어떻게 다루어야 할지 갈피를 못 잡은 탓이리라. 한편으론 물리학이 전통이란 암굴에 빠져 안일만을 탐했는지도 모른다.

물리학에서 우연한 요동 현상 연구는 최근 들어 다소 새로운 진전을 향한 서광이 비치지만, 아직 연구 방법은 미숙하고 범위는 너무 좁다. 그런 의미에서 별사탕 생성에 관한 물리학 연구는 근본부터 장차 물리학 전반에 걸친 기초 문제로 중요해져서 필연적으로 본질과 연관될 것으로 보인다.

따라서 앞으로 연구 과제로 부상할 수많은 현상 가운데 하나가 리히텐베르크 도형이다. 과거에는 거의 골동품 취급을 받았고 학자 대부분이 이따금 이를 연구하는 호사가를 비웃기 일쑤였다. 그런데 얄궂게도 요즘 전기공학에서 고압 측정 응용 가능성을 인정받으며 리히텐베르크 도형 연구에 종사하는 이들이 점점 늘어나는 실정이다. 물론 지금으로선 누구도 리히텐베르크 도형의 원리를 설명한 사람은 없다. 다만 본질상 별사탕 생성과 어떤 점에서 공통 요인을 가지기에 필시 미래에 일석이조

효과를 불러오리라.

생물학상 '생명' 문제에 현재 물리학은 아무런 발언권을 갖지 못한다. 켈빈 남작 윌리엄 톰슨은 지구상 생명 씨앗이 광압에 의해 별 세계에서 날아왔다고 상상했다. 이는 생명의 기원과는 동떨어진 지엽적 문제일 뿐이다. 오늘날 물리학으로는 아마 영원히 무력하겠지만, 만약 물리학상 통계적 요동 연구가 앞으로 점차 진보한다면 예상치 못한 열쇠가 주어져 물질과 생명 사이에 다리를 놓는 날이 오지 않을까, 공상해본다.

거리 위를 오가는 사람 수를 통계한 결과 개개인이 마치 무생물인 기체 분자처럼 통계적 분포를 보인다는 사실이 밝혀졌다. 혹시 인간 말고 다른 존재가 다른 세계에서 거리 위 사람을 그저 통계적 분포로만 관찰한다면 그들 눈엔 인간은 무생물 미분자로밖에 보이지 않을 터. 동시에 그 미분자가 유기적 국가와 사회 기관을 구성하는 모습을 보고 그 유기체의 생명 기원을 의심할 게 틀림없다.

이 유추에서 떠오르는 한 가지 공상은 혹시 생명의 마지막 씨앗이 물질 분자 속에 하나하나 이미 잠재한 게 아닐까 하는 점이다. 물리학자는 그저 통계적으로 드러나는 모습만 관찰할 뿐으로, 사실 무생물 미립이라 생각하는 물질이 생물이란 국가를 만들고 사회를 조직한 모습에 깜짝 놀라며 의아해할지도 모른다.

동일 원소를 이루는 분자 하나하나가 개성을 지닌다고 주장하는 사람은 예전에도 있었다. 내친김에 개별 원자에 저마다 생명을 부여함으로써 과학 근원을 가로지르는 '생명'과 '물질'이라는 두 개 요소를 하나로 묶을 수는 없을까.

별사탕을 둘러싼 물리에서 출발해 점점 공상의 사다리를 기어오르다가 마침내 영원한 비밀이자 수수께끼인 생명의 기원까지 파고들어 조금 궤도를 벗어나고 말았다. 요 몇 년 기록을 깨트린 올여름 더위에 취한 바보가 지껄이는 헛소리쯤으로 적당히 넘겨도 좋다. 어찌 됐든 이 흥미로운 별사탕이 쿠릴열도에 살던 아이누처럼 사라져가다니 섭섭할 따름이다. 천연물 보존에 힘쓰는 이들은 기왕이면 별사탕 역시 보존해주길 바란다.

젖빛 재생지

12월 초 어느 날, 오랜만에 바람 한 점 없이 날이 맑아 오전부터 병상에서 기어 나와 툇마루에서 햇볕을 쬐었다. 도시에서는 보기 드문 강렬한 햇빛이 얼굴을 곧바로 비추는 통에 좀 따끔거렸다. 마침 널어놓은 이불에서 포근한 아지랑이가 살살 피어오른다. 축축한 마당에 아스라이 하얀 안개가 끼는가 싶더니 변덕쟁이 바람이 살랑거리자 금세 조그맣게 소용돌이친다. 아이들은 모두 학교에 갔다. 다른 식구들은 어디서 뭘 하는지 작은 소리조차 나지 않았다. 참으로 고요하고 온화한 아침이었다.

나는 아무 생각 없이 멍하니 앉아 있었다. 단지 온 모공이 빨아들인 따사로운 햇살이 시든 육체 속에 스며드는 감각을 어렴풋이 느낄 뿐이었다.

문득 정신을 차리자 눈앞 툇마루 끝에 떨어진 재생지 한 장이 보였다. 아직 새것이라 무척 깨끗했다. 무의식적으로 집어 살펴보는 사이 각양각색 반점이 눈에 들어왔다. 종이는 딱 아이들이 갖고 노는 찰흙처럼 탁한 쥐색이었다. 앞면은 매끌매끌한데, 뒷면은 꽤 거칠가칠하고 거적처럼 굵은 줄무늬가 도드라졌다. 햇빛에 비추니 굵은 줄무늬 말고도 한층 가늘고 고른 줄무늬가 드러났다. 고운 줄무늬야 종이를 뜨는 과정에서 섬유를 걸러내는 돗자리 자국일 테고, 굵은 줄무늬는 뭔지 모르겠다. 또 손가락 끝마디만 한 구멍이 세 개쯤 뚫려 주변에서 삐져나온 섬유가 구멍을 가리려는 듯 뻗쳐 있었다.

    무엇보다 흥미로운 것은 가로세로 20센티미터 남짓한 쥣빛 바탕 위에 빨강, 파랑, 보라 같은 고운 빛깔을 띤 채 불규칙하게 흩어진 반점. 크다고 해봤자 고작 6밀리미터에서 9밀리미터 정도였고, 돋보기를 껴야 보일 만큼 작디작은 색지 조각도 더러 섞였다. 게다가 똑같은 색지가 아니라 기하학무늬, 줄무늬, 점선 등 여러 가지였다. 꼼꼼히 들여다보니 봉투 묶는 띠종이, '아사히' 담배 포장지, 성냥갑 라벨, 광고지 쪼가리, 색종이…… 별별 다색 인쇄물을 연상시키는 파편이었다. 미세한 파편에 상상력이 보태지면서 머릿속은 다양한 색채의 향연이 펼쳐졌다.

    일반 백지에 단색 인쇄한 검정 활자는 끽해야 한 자, 가까스로 두 자밖에 읽히지 않았다. '일동'이나 '엔'은 알겠는데 '탕盪' 따윈 도대체 뭔 뜻인지 아리송했다. 왠지 의미 깊은 수수께끼를 푸는 듯한 기분이었다. "잠자리구나!" 하이쿠가 실린 신문지 쪼가리를 발견하고는 살짝 정신이 나간 양 실실 웃었다.

어떻게 이토록 작은 파편이 잘게 부서져 재생되는 와중에도 뭉개지지 않고 형체를 유지했을까. 재생지 제조법을 모르는 내게는 의문이었다. 어쩌면 활자가 찍힌 부분만 기름기가 잔뜩 배어 물에 녹지 않고 살아남은 게 아닐까 싶기도 했다.

재생지에는 종잇조각 외에도 갖가지 물체 파편이 달라붙어 있었다. 무명실 도래매듭, 사람 머리칼과 동물 털, 골판지 쪼가리, 연필밥, 성냥갑 라벨은 금방 알아봤지만 내력을 아예 모르겠는 미묘한 바스라기도 보였다. 마른 식물 껍질 조각도 찾아냈는데 아무리 애써도 식물 이름이 기억나지 않았다. 동식물계뿐만 아니라 광물계에 속하는 파편도 섞여서 햇빛에 비스듬히 비추자 작은 돌비늘 조각이 은비늘처럼 반짝반짝 빛났다.

재생지를 관찰하고 있자니 수많은 물건 단편이 지닌 역사가 꽤 재미있게 느껴졌다. 아무 관계 없는 여러 공장에서 제조된 오만 가지 물건이 이런저런 경로를 거쳐 어느 집 휴지통에 집합한 뒤 다른 집에서 버린 쓰레기와 한데 합쳐져 제지공장 물통으로 들어가기까지, 얼마나 복잡한 세상사가 얽혀 있을까. 한 장의 쥣빛 재생지가 돼 버린 이상 거슬러 올라가 확인할 길은 없다. 그저 일상을 가로지르는 인과의 그물이 한없이 혼잡하단 사실을 막연히 실감할 뿐이다.

온갖 분야에서 모인 재료가 한 가마솥에서 뒤섞이고 이겨져 하나의 새로운 물건으로 태어나는 과정은, 인간의 정신세계에서 제작되는 예술 작품에도 존재한다.

갑자기 랠프 월도 에머슨*이 「셰익스피어론」 첫머리에 쓴 문장이 떠올랐다. "가치 있는 독창성은 남과 다르다는 뜻이 아니다." "최고의 천재는 부채가 가장 많은 사람이다." 또 어떤 맹인 학자가 몽테뉴 연구를 위해 채택한 정밀한 조사 방법이 생각났다. 몽테뉴 관련 논문을 송두리째 점자로 옮긴 자료 더미 속에서 사상이나 잠언, 삽화나 특징을 발췌해 분류한 다음 논문 저자가 봤을 법한 책을 모조리 읽거나 듣거나 해서 규칙이나 유형을 솎아냈다는 얘기였다. 맹인 학자의 끈기와 열정에 감탄하는 동시에 지금 종이 위 반점을 찾아내고 그 출처를 파고드는 나와 닮았구나 싶었다.

---

* 미국의 철학자이자 시인으로, 본문에 나오는 셰익스피어와 몽테뉴에 대한 내용은 그가 여섯 명의 위인을 논술한 『대표적 위인론』에 나온다.

아무리 위대한 작가가 쓴 걸작이라도, 아니 오히려 대가의 작품일수록 다른 문헌에서 나온 재료가 잔뜩 섞여 있는 법이다. 그 재료를 속속들이 탐색하는 작업은 흥미롭고 유익한 일이지, 작품과 작가의 가치를 부정하는 일이 아니다. 요컨대 재료를 얼마나 잘 삭혔느냐, 부정한 성분을 얼마큼 씻어냈느냐가 중요하다.

작중 문헌 출처를 밝혀내는 작업은 그야말로 비평가의 지식수준을 드러내기에 제삼자가 볼 때 이래저래 흥미진진할 수밖에 없다. 해박한 비평가가 단 주석은 문학사와 사상사의 한 조각으로 학문적 가치를 인정받지만, 반대라면 비평 당한 작가와 독자는 물론 비평가마저 큰 피해를 입는다. 때론 비평가 때문에 작가 한 사람이 서로 모순되는 여러 이즘의 대표자로 저마다 등극하기도 한다. 미술 작품에서도 같은 일이 종종 발생하는데, 문부성미술전람회나 제국미술전람회에서도 일어났던 것 같다.

'표절' 문제를 다룬 존 러스킨* 글이 떠올라 다시 한번 읽어봤다. 마지막 장에 다음과 같은 구절이 적혀 있었다.

---

* 영국의 비평가. 1877년 당시 신진 화가였던 휘슬러의 작품을 비판했다가 격분한 휘슬러에게 명예훼손으로 고소당해 벌인 법정 논쟁은 세기의 미술 재판으로 유명하다.

일반적으로 표절에 대해 이러쿵저러쿵 말할 때 잊지 말아야 할 것은, 감각과 정서를 소유한 이상 사람은 끊임없이 타인에게서 보조를 받는다는 사실이다. 사람은 만나는 모든 이에게서 배우고 그 사이 뿌려지는 무수한 사물 덕분에 풍요로워진다. 최고가 되는 사람은 무엇보다 연신 전수하는 사람이다. 만약 마음에 쌓인 소득의 참된 근원을 추적해보면, 세상에서 제일 많이 은혜 입은 자는 독창력이 아주 뛰어난 사람임을 깨달으리라. 또 그들이 하루하루 생활하며 인류에게 진 빚을 불려가는 동시에 동포에게 줄 선물을 늘려가고 있음을 발견하리라.

어떤 사상 혹은 어떤 발명의 기원을 찾으려는 노력은 하늘 아래 새로운 건 없다는 허무한 결론으로 끝나기 마련이다. 그렇다고 진짜로 위대한 모든 것이 다 차용물은 아니다. 여하튼 남이 주는 것이 무엇이든 좋은 것이라면 굳이 쓸데없이 따지지 말고 흔쾌히 받아 든 채 감사 인사를 전하는 쪽이 가장 현명한 사람이자 행복한 사람일 테다.

문장 사이사이 러스킨의 짜증 섞인 빈정거림이 있

긴 해도 어떤 의미에서 사상적으로 재생지를 변호해준다. 그런데 에머슨과 러스킨의 말을 더해 둘로 나눈 뒤 요사이 유행하는 어느 과격한 사상으로 다시 나누면 어떻게 될까. 딱 나눠떨어지지 않을지도 모르나, 용케 나눠떨어진다면 과연 몫은 얼마일까? 사상계 모든 위인은 결국 '가장 고집 없는 인간'이란 답이라도 나오려나.

비록 재생지 한 장이라도 마술사가 아닌 이상 아무것도 없는 진공에서는 창조해내지 못한다. 다만 재료를 꼼꼼히 고르고, 더 제대로 삭히고, 더욱더 깨끗이 세탁해 매끄럽고 광택 나는 튼튼한 순백 종이를 만들어내는 일은 가능하다. 성냥갑 라벨이나 활자 단편이 형태 그대로 눈에 들어온다면 아직 개선할 여지가 많다는 뜻이다.

러스킨 책을 내팽개치고 잿빛 재생지를 무릎 위에 올린 채 잠 속으로 빠져들던 내 귀에 정오를 알리는 대포 소리가 울려 퍼졌다. 나는 밥을 먹기 위해 공상을 멈춰야 했다.

모기장 연구

나는 모기장을 싫어한다. 하지만 모기에게 시달리는 편이 더 싫기에 어쩔 수 없이 매일 밤 불쾌한 모기장 안으로 기어들어 참고 견딘다. 그러면서 덜 답답하고 기분 좋은 모기장이 나오지 않을까 생각한다. 하룻밤 내내 이래저래 궁리한다.

먼저 모기장 안과 밖의 온도가 얼마나 다른지 궁금해 밤중에 온도계를 들고 들락날락해봤다. 아쉽게도 큰 차이는 없었다. 물론 인체가 느끼는 더위는 반드시 온도계 눈금만으론 판단하지 못한다. 공기 흐름이 좋은지 나쁜지도 크게 작용한다. 기온이 높아도 바람이 불면 시원하지 않은가. 모기장은 확실히 바람을 막는다. 바람 부는 저녁에 모기장 안과 밖에서 담배를 피워보면 안다. 당연하다. 바람 에너지가 우선 모기장을 펄럭이는 데 쓰인 뒤 그물코를 빠져나갈 때 마찰로 사라지기 때문이다.

모기장이 공기 흐름을 조금이라도 방해한다면 비좁은 모기장 안에서 두세 명이 함께 잘 경우 이산화탄소량은 바깥보다 많아질지 모른다. 이런 실험은 일반인이 하긴 어렵다.

　　애당초 모기를 막는 목적인 만큼 좀 더 성긴 천을 써도 좋을 듯하다. 시험 삼아 집에 걸린 모기장 올을 세어보니 가로세로 3센티미터 네모 안에 평균 약 900개가 있었다. 아무리 소인국에 사는 모기라도 이토록 빽빽한 구멍을 뚫고 침입할 녀석은 없을 것이다. 무명실로 짠 아이 모기장을 세어보니 400여 개였다. 이쪽도 너무 촘촘하다는 생각이 들었다. 물론 천마다 조밀도가 다른 데다 오래 쓰면 군데군데 그물코가 벌어지니 그 틈으로 모기가 들어올 수 있겠지만, 요즘 일반 모기장은 촘촘해도 너무 촘촘하다.

　　모기장은 으레 연두색이기 마련이다. 왜 하필 연두색으로 정했을까. 보기에 시원한 느낌을 원한다면 더 시원한 색은 얼마든지 있는데. 밖을 훤히 보이도록 하려면 좀 더 거무스름한 색이 낫지 않을까. 모기장 색상도 어떻게든 바꾸고 싶다.

　　모기장을 치면 윗부분이 축 처져 거추장스럽다. 이 역시 어떻게든 하고 싶다. 한가운데 끈을 달아 천장에 매달거나 다른 방법은 없으려나.

모기장을 이루는 섬유 표면은 모두 합치면 꽤 넓다. 그 표면에는 온갖 세균이 달라붙어 있을 게 뻔하다. 개중에는 몸에 해로운 세균도 존재할 터. 계절이 더운 여름인 만큼 어쩐지 기분 나쁘다. 만약 유해균이 수두룩하다면 뭔가 적당한 살균제라도 발라두는 쪽이 안전하다. 위생학자가 연구해보길 바란다.

천둥이 칠 때 모기장을 치고 안에 들어가는 풍습은 누가 생각했는지 몰라도 단순한 미신은 아니다. 의외로 이치에 맞는 행동이다. 전기 전도체로 완전히 둘러싸인 내부는 외부 전기 작용이 미치지 않는 법이다. 어떤 학자가 이를 증명하려고 몸소 철망 안으로 들어간 뒤 외부에서 엄청나게 강한 전기불꽃을 펑펑 날렸는데, 안쪽에 있던 그는 아무 일도 없었다.

삼베는 유독 습기를 머금기에 제법 훌륭한 전도체이며 모기장은 그물망이다. 낙뢰는 즉 강한 전기불꽃이다. 하여 이론상 모기장은 낙뢰의 방어 수단이 된다. 다만 얼마나 효과가 있는지, 삼베와 무명과 비단 등 소재 비교는 전문가의 연구를 기다려야 한다. 이 또한 겸사겸사 부탁하고 싶다.

대부분 요즘 모기장에 만족하지 못하면서도 푸념

을 늘어놓지 않은 채 밤마다 치고 들어가 자는 이유는, 아버지와 어머니도 그 아버지와 어머니도 치고 잤기 때문이다. 모기장이란 원래 이런 거야, 하며 체념했을 뿐이다. 결코 이상적 모기장은 아니다. 장난감 도료를 검사하고 고양이와 페스트 관계를 연구하는 세상이다. 한갓 모기장 문제라고 내 의견을 한가한 사람이 내뱉는 잠꼬대쯤으로 여긴다면 안타까운 일이다.

병원의 새벽 소리

아침 일찍 눈을 뜨면 좀처럼 다시 잠들지 못한다. 이 병원의 밤은 무척 고요하다. 시계 두 개―하나는 오른쪽 벽에 붙은 선반 위 작은 탁상시계, 다른 하나는 침대 머리맡 난간에 매단 회중시계―의 초침 소리와 발치에서 간병인이 잠결에 내는 잔잔한 숨소리 말고는 아무 소리도 나지 않는다. 다만 너무 조용하면 내 머릿속 신기한 잡음이며 베개에 눌린 귓가에서 율동적으로 사각사각하고 뭔가 잘게 써는 듯한 혈관 속 혈액 소리가, 신경을 쓰면 쓸수록 이상하게 더 크고 강하게 울린다. 하지만 그도 금세 잊히고 세상은 전처럼 아득한 정적으로 돌아간다.

그러다 5시쯤이면 기묘한 소리가 들려온다. 먼저 기다란 병실 복도 저 멀리서 가끔가다 '쨍그랑' 물건 떨어뜨리는 듯한 소리가 나고, 그다음 살며시 '톡톡톡' 슬리퍼를 신고 복도를 걸어가는 듯한 소리가 이어진다. 희미하지만 원인을 모르겠는, 이 세상에 존재하는 모든 소리와 비교할 수 없는 잡음이 불규칙한 간격으로 울려 퍼진다. 천장이 높은 긴 복도에 부딪쳐 되울리는 탓에 어쩐지 공허하면서도 엄숙한 음색을 띤다. 잠시 멎는가 싶다가도 이내 다시 시작된다. 이번에는 앞엣것과는 약간 다른 방향인 데다 아까보다 훨씬 가까운 곳에서 들린다.

　　가까이 다가올수록 소리는 신비로운 성질을 잃어버리면서 좀 더 평범하고 현실적인 음색으로 바뀐다. 마치 쇠망치로 철관 가장자리를 두드리는 것 같다. 돌연 내 침대 발치께에서 '조르륵조르륵' 물이 솟아나는 소리가 얼마간 이어지다가 뚝 그친다. 철관을 두드리는 소리가 점점 가까워지더니 옆 병실과 맞닿은 벽 아래 부근에서 세차고 분주하게 '찰카닥찰카닥' 소리가 울린다. 흡사 무서운 작은 맹수가 무턱대고 우리에 몸을 부딪치는 듯하다. 그러자 이제껏 둔탁한 잠에 휩싸여 있던 병실이 갑자기 싱그러운 활기를 띠기 시작한다. 쇠붙이 소리에 섞인 '참방참방' 물이 흘러넘치는 소리, 은은하긴 해도 분기공이 수증기를 뿜어내는 것처럼 강력한 힘과 열이 깃든 소리가 포근함을 더한다.

　　머지않아 갖가지 시끄러운 소리가 다른 병실로 옮겨갈 즈음, 발 아래쪽 벽에 세워진 증기 난방기의 겹겹이 구부러진 관 속을 어슴푸레 가만가만 지나가는 증기 소리만이 상쾌한 온기와 함께 실내를 가득 채운다. 그러자 지금까지 바늘처럼 날카로웠던 내 신경은 차츰 누그러진다. 이루 말할 수 없는 평온하고 느긋한 기운이 온몸에 퍼진다. 비로소 상쾌한 하품이 두세 번 잇따라 나온다.

마침 그때쯤 머리맡 유리창—터무니없이 높은 데다 잔인하리만치 차가운 흰색 커튼이 드리워진—너머로 '찌익찌익' 물레를 돌리는 듯한 탁하고 예리한 소리가 들려온다. 아마 참새이리라. 도대체 이 추운 밤을 어디서 어떻게 보냈던 걸까. 하룻밤의 길고 차가운 잠에서 막 깨어나 드디어 새날이 밝았음을 진심으로 기뻐하는 지저귐이다. 처음 한두 번은 아직 잠이 덜 깼는지 오물거리다가 이윽고 더없이 또렷하고 명랑하게 재잘댄다. 창밖은 여전히 어두컴컴하지만 '이제 날이 밝아오는구나' 아주 명확한 실감이 머릿속으로 흘러든다. 답답한 밤의 압박에서 가까스로 빠져나오는가 싶더니 뻣뻣해 잠들기 어려웠던 육체 마디마디가 갑자기 부드럽고 개운하다. 한동안 끊겼던 새 소리가 다시 들려온다.

웬일인지 어릴 적 시골 풍경이 눈앞에 생생히 떠오른다. 흙을 쌓아 만든 곳간 옆 커다란 감나무가 크고 작은 가지들을 새파란 남국 하늘 가득 펼치고 있다. 바로 뒤편 가을걷이를 끝내고 겨울을 기다리는 논밭에는 온통 황금빛 햇살이 찰랑찰랑 비친다. 그런가 하면 마을 변두리 으슥한 대숲 길모퉁이에는 새 잡이 장대를 든 아이 두셋이 느릿느릿 걸어간다. 이런 환상을 비몽사몽간에 반복하는 동안 어느새 꾸벅꾸벅 존다. 간병인이 슬슬 일어나 실내를 청소하는 요란한 소리에도 아랑곳하지 않고 기분 좋은 단잠에 빠져든다.

이런 아침을 병원에서 몇 번이고 되풀이했다. 새벽 5시께 언제나 복도 저 멀리서 들려오던 기묘한 소리는 과연 사람 발소리였을까, 문소리였을까. 아니면 증기가 멀리 떨어진 보일러에서 조금씩 몰려오는 잡음이었을까. 끝내 확인하지 못한 채 퇴원하고 말았다. 지금도 그 소리를 떠올릴 때마다 어쩐지 신비한—신비하다고 하면 너무 과장일 수 있지만 그래도 역시—느낌이 든다. 왜 그런 기분이 드는지는 모르겠다. 먼 곳에서 생긴 음파가 복도 벽이나 바닥, 천장에 수차례 반사되는 사이 파형이 바뀌어 원래는 평범하던 소리가 현실에서 나는 온갖 소리와는 다른 음색으로 변해 이상야릇한 느낌을 불러일으키는 건지. 혹은 뜨거운 증기가 차가운 바깥 공기와 싸우며 천천히 그러나 확실히 철관을 타고 가까이 다가오는 소리가 어찌해도 피하지 못하는 무서운 '운명'의 전조 같아

마음에 묘하게 꺼림칙한 그림자를 드리우는 건지. 아무리 생각해도 알 길이 없다.

전혀 상관없는 일이건만 내 병의 경과를 돌이켜보면 닮은 점이 있다. 꺼림칙하고 불안한 전조가 애매하게 오래 이어지는 동안 점점 뭔가가 다가온다. 그것이 돌연 터지는 순간 위험은 이미 코앞이다. 막상 위험이 현실이 되면 더는 꺼림칙한 두려움을 느끼지 않는다.

병원의 증기 난방기는 몇 시간 지나면 점차 식어가다가 냉랭할 무렵 앞서 말한 소리가 나고 다시 보내오는 증기로 데워진다. 낮에는 멀리서 오는 기묘한 소리가 갖가지 주변 잡음에 묻히는지, 내 병실 구석에서 울리는 지극히 평범하고 시끄럽지만 어딘가 골계미가 깃든 '찰카닥찰카닥' 소리만 들린다. 동트기 전 적막을 깨뜨리는 그 신비한 소리라고는 도저히 생각할 수 없다.

증기 난방기처럼 내 병도 왠지 전조, 파열, 평온이라는 세 단계를 주기적으로 반복하는 것 같다. 적어도 벌써 두 차례 겪었다. 가장 싫은 것은 '전조'의 길고 불안한 간격이다. '파열'은 가장 무서운 순간인 동시에 가장 아름다운 절정의 순간이다. 적당한 단어가 없는 관계로 굳이 표현하자면 그렇다. 불안의 압박에서 풀려나 귀중한 '평온'으로 넘어가는 시간이기 때문이다. 모든 어두운 그림자가 세상에서 사라지고 만물이 일제히 아름다운 빛을 받으며 오래도록 바라 마지않던 평온한 천국이 찾아온다. 설령 그 평온이 죽음을 뜻할지라도 오히려 그 편이 몇 배는 더 아름답지 않을까.

빨강

이불을 뒤집어쓰고 눈을 꽉 감으면 아무것도 보이지 않는다. 잠시 후 새빨간 피 같은, 정체를 알 수 없는 뭔가가 암흑 속에 나타난다. 바라볼수록 점점 커져서 돌연 빙글빙글 돌기 시작한다. 형언하기 어려운 속도로 도는가 싶더니 갑자기 불꽃이 피어오르는 것처럼 확 산란해 파편 하나하나가 회전하며 사방으로 흩날린다. 핏빛은 더욱더 짙어져 새까맣게 변하는가 싶더니 다시 확 밝아져서 붉은빛이 감돈다. 이런 일을 되풀이하는 사이 잠의 신이 찾아온다. 분명 이 피인 듯, 불꽃인 듯한 존재가 잠의 신을 이끄는 것이리라.

열대 지방의 산천초목 금수어충은 죄다 붉게 느껴져 견딜 수가 없다. 이는 대부분 지도에서 열대를 붉게 칠한 탓이리라.

선생님, 붉은 눈물이 있냐고 진지하게 물어본 건 제 친구잖아요.

빨강은 불의 색이요, 피의 색이요, 눈물의 색이다.

저자 연보

1878년
11월 28일 도쿄 고지마치구에서 태어났다. 호랑이해 호랑이날에 태어나서 '도라(寅, 호랑이라는 뜻)히코'라는 이름을 얻는다. 아버지 데라다 도시마사는 고치 지방의 토족으로, 육군 회계 감독관이었다.

1881년
아버지가 구마모토로 단신 부임하자 할머니, 어머니, 여동생과 함께 아버지의 고향인 고치시로 이사한다. 도쿄에서 태어났음에도 그가 고향을 고치로 여기는 이유다.

1885년
도쿄 고지마치로 다시 이사, 반초소학교에 입학한다. 이듬해 아버지의 육군 퇴임과 함께 가족 모두 고치로 돌아온다. 어린 시절부터 몸이 약했던 그는 결핵성 염증으로 잠시 학업을 중단하기도 했다.

1892년
고치현 보통중학교에 입학, 성적이 우수해 곧바로 월반한다.

1896년
구마모토 제5고등학교에 입학, 당시 영어 교사였던 나쓰메 소세키와 물리 교사였던 다마루 다쿠로를 만난다. 그 둘에게 영향을 받아 문학과 과학을 유달리 좋아한다.

1897년
학생 신분으로 사카이 나쓰코와 결혼한다.

1898년
나쓰메 소세키가 여는 하이쿠 모임에 참석, 이를 계기로 본격적으로 하이쿠를 쓰기 시작한다.

1899년
제5고등학교를 졸업한 뒤 도쿄대학 이학부에 입학, 소세키의 소개로 마사오카 시키를 알게 된다. 시키가 주재하는 문예지 『호토토기스』에 「빨강」을 비롯한 수필을 다수 발표한다.

1901년
장녀 사다코가 탄생하지만, 이듬해 아내 나쓰코가 세상을 떠나는 아픔을 겪는다.

1903년

도쿄대학 대학원에 입학해 실험물리학을 공부한다.

1904년

도쿄대학 이학부 강사로 임명, 음향과 파동에 관한 논문을 연구한다.

1906년

『나는 고양이로소이다』로 일약 인기 작가에 오른 나쓰메 소세키가 매주 목요일 열던 문학 모임 '목요회'에 다니며 이와나미서점 대표인 이와나미 시게오, 소설가 우치다 햣켄 등과 교류한다.

1908년

이학 박사 학위를 취득하는 한편 『도쿄아사히신문』에 「모기장 연구」를 발표한다.

1909년

지구물리학을 연구하기 위해 독일로 유학을 떠난다. 베를린대학에서 2년 동안 공부하며 영국, 오스트리아, 이탈리아, 러시아 등 유럽 각지를 여행한다.

1911년

미국을 경유해 귀국한 뒤 도쿄대학 이학부 조교수로 지

내며 과학지 『네이처』에 논문 「엑스선과 결정」 발표, 첫 학술서 『바다의 물리학』 출간 등 과학자로서 이름을 알린다.

1915년
그동안의 연구 성과를 담은 두 번째 학술서 『지구물리학』을 출간하고 「앎과 의심」를 쓴다.

1916년
도쿄대학 이학부 교수로 임명, 이때부터 만성 위장병에 시달린다. 『과학과 문예』에 「과학자와 예술가」를 발표한다.

1917년
일본 학자로서는 최고의 영예인 '은사상'을 수상한 뒤 『동양학예잡지』에 「물리학과 감각」을 발표한다.

1918년
도쿄 혼고구에 이층집을 짓고 사카이 신코와 결혼한다.

1920년
위장병이 심해져 도쿄대학병원에 입원했다가 퇴원한 뒤 휴직하고 그림을 그리며 요양한다. 『시부가키』에 「병원의 새벽 소리」를 발표, 이때부터 '요시무라 후유히코'란 필명으로 활동한다.

1921년

『도쿄니치니치신문』에「젖빛 재생지」,『전기와 문예』에「도롱이벌레와 거미」,『해방』에「별이 경단을 만드는 이야기」,『사상』에「고양이」등을 게재한다.

1922년

도쿄대학 이학부 교수로 복직한 뒤『사상』에「전차 B의 혼잡」을 발표한다.

1923년

이와나미서점에서 첫 수필집『후유히코집』이 출간된다. 간토대지진 발생 이후 재난조사원으로 활동하며 지진 연구에 몰두한다.

1924년

이화학연구소의 선임 연구원으로 선출,『도쿄니치니치신문』에「유언비어」를 발표해 큰 반향을 일으킨다.

1927년

『사상』에 통계역학적으로 별사탕의 돌기 형성을 고찰한「별사탕」을 발표, 이후 주변에서 일어나는 현상을 물리학 관점에서 풀어낸 '데라다물리학'을 선보인다.

1928년

영화 감상을 즐기며 영화 관련 평론을 다수 발표한다.

1932년

제자인 나카야 우키치로(세계 최초로 인공 눈을 만든 기상물리학자)가 홋카이도대학에 교수로 부임하자 생애 처음으로 홋카이도 여행을 다녀온 뒤 『주간 아사히』에 「지팡이」를 발표한다.

1933년

『구라마에신문』에 「쇄골」, 『게자이오라이』에 「커피 철학 서설」, 『뎃토』에 「쓰나미와 인간」, 『도쿄아사히신문』에 「기록광 시대」, 『데이코쿠신문』에 「도깨비불 하나」를 잇따라 발표한다. 또한 사생문적 수필과 시를 엮은 『감의 씨』, '데라다물리학'을 집대성한 『증발접시』를 출간해 호평받는다.

1934년

『오사카마이니치신문』에 「어느 탐정 사건」, 『문예춘추』에 「관점과 거리」를 발표한다.

1935년

『문학』에 「행상인 소리」를 발표한 뒤 갑자기 쓰러져 투병 생활을 하다가 12월 31일 쉰일곱 살에 전이성 뼈종양으로 세상을 떠난다.

역자 후기

나는 병원에서 이 책의 마지막 장을 번역했다. 마감을 코앞에 둔 늦여름 어느 날, 갑자기 아빠가 병원에 입원했다. 말귀가 어두워지고 거동이 부자연스러워 정밀 검사를 받기 위해서였다. 처음엔 대수롭지 않게 여겼다. 그러나 MRI 검사까지 했는데도 원인은 밝혀지지 않았고, 입원 기간이 늘어갈수록 아빠는 불안해했다. 결국 그나마 시간이 자유로운 내가 얼마간 간병을 하기로 했다.

첫날, 물리 치료며 운동 치료로 바쁘게 돌아가던 낮과 달리 저녁밥을 먹고 나자 병실은 쥐 죽은 듯 고요했다. 올빼미족인 나는 밤이 깊어도 좀처럼 잠을 이루지 못했다. 뜬눈으로 지새우다가 겨우 풋잠이 들었을 즈음, 복도 끝에서 간호사가 환자 상태를 보러 다니는 소리, 옆 침대의 간병인이 세면장으로 서둘러 향하는 소리가 희미하게 들려왔다. 그리고 천장에서 에어컨이 내쉬는 낮은 숨

결과 더불어 커다란 유리창으로 햇빛이 스며들었다. 그 순간 번역을 끝낸 데라다 도라히코의 「병원의 새벽 소리」가 떠올랐다. 새벽녘, 병원 복도 저편에서 들려오는 기묘한 소리가 어찌해도 피하지 못하는 무서운 '운명'의 전조 같아 꺼림칙하게 느껴졌다던……. 그의 문장이 시간의 간극을 넘어 내 현실에 겹쳐졌다. 100년이 훌쩍 넘는 세월이 흘렀건만 삶과 죽음이란 경계를 둘러싼 애매한 공기는 여전하구나 싶었다.

    좋은 글은 시간의 더께 속에서도 그 힘을 잃지 않는다. 시대를 초월해 인생과 맞닿아 울림을 전하고 조용히 말을 건넨다. 얼핏 쓸데없는 호기심으로 보이지만 만원 전차의 순환적 리듬, 소문의 전파, 커피를 향한 욕구 같은 익숙한 소재를 때론 진지하게 때론 엉뚱하게 파헤치는 데라다 도라히코를 따라가다 보면 이 세상이 참으로 숱한 의문과 신비로 가득한 세계임을 새삼 깨닫는다. 다만 그가 말한 것처럼 병, 아니 인생이 전조, 파열, 평온이라는 단계를 거친다면 그날이 조금이라도 더디게 오기를 이기적으로 빌어본다.

2025년 11월 7일
안은미

전차 B의 혼잡

초판 1쇄 2025년 12월 5일

지은이 데라다 도라히코
옮긴이 안은미
편집 한소영
디자인 상록
제작 제이오

흰소
등록번호 제2025-000012호
이메일 hinso.editor@gmail.com

ISBN 979-11-992412-1-3 02830
ⓒ 안은미 2025